Meike Müller

Killerphrasen ... und wie Sie gekonnt kontern

berufsstrategie

Eichborn.

Die Autorin
Meike Müller arbeitet als Kommunikationstrainerin und freie Journalistin. Sie lebt in Berlin. Bei Eichborn erschienen ihre Bücher *Der starke Auftritt. So überzeugen Sie in Ihrem Job* (2002) und *Trainingsprogramm Schlüsselqualifikationen. Die besten Übungen aus Karriere-Seminaren* (2003).

2 3 4 05 04

Umschlaggestaltung: Christina Hucke
Lektorat: Dr. Katharina Theml
Gesamtherstellung: Fuldaer Verlagsagentur, Fulda
ISBN 3-8218-5564-9

Verlagsverzeichnis schickt gern:
Eichborn Verlag, Kaiserstraße 66, D-60329 Frankfurt/Main
www.eichborn.de

Inhalt

Vorwort

»Das haben wir noch nie so gemacht.«
»Die Frage kann man so nicht stellen.«
»Die Zeit ist noch nicht reif.«

Kennen Sie solche oder ähnliche Sätze? Wenn Sie zu den armen, gebeutelten Menschen gehören, die viel Zeit in Sitzungen verbringen, dann mit großer Wahrscheinlichkeit. Denn: Killerphrasen sind dort sehr verbreitet. Aber nicht nur da. Ob im Zwiegespräch, bei Verhandlungen, im Informationsaustausch – Killerphrasen machen sich überall gern breit, vor allem immer dann, wenn jemand partout über ein Thema nicht sprechen will, sein Gegenüber provozieren möchte oder schlicht und einfach das Ziel hat, die Diskussion abzutöten. Typisch ist, dass sich Phrasendrescher nicht konstruktiv mit dem Inhalt des vorher Gesagten beschäftigen, sondern durch Pauschalisierungen die Gegenseite emotional treffen, ihr eine persönliche Niederlage beibringen oder sie gar mundtot machen wollen.

Sind Sie auch immer ganz perplex, wenn Sie mit Totschlagargumenten konfrontiert werden? Vielleicht kennen Sie das Gefühl – nach einem solchen Killerphrasen-Satz steigt so langsam die Wut hoch, weil man spürt: Hier soll ich ausgebremst werden, hier geht es nicht um eine wirkliche Auseinandersetzung, nicht um echtes Überzeugen. Fragt sich bloß: Wie soll man reagieren?

Und damit wären wir auch schon bei der positiven Seite von Killerphrasen. Ja, Sie lesen richtig, diese Sätze haben durchaus etwas Gutes: Sie sind sehr stereotyp – und somit vorhersehbar. Das bedeutet, dass man sich auf die Phrasen einstellen und vorbereiten kann, um dann den passenden Konter zu finden.

Also: Wie reagiert man am besten auf Killerphrasen? Dieses Buch hat die Antwort darauf. Ich stelle Ihnen fünf Konter-Techniken vor, mit Hilfe derer Sie adäquate Reaktionen auf die verbreitetsten Killerphrasen finden.

Das Buch bietet Ihnen kommentierte Antwortmöglichkeiten für jede Gelegenheit. Nicht immer kann man so kontern, wie einem der »Schnabel gewachsen ist«. Manchmal befindet man sich in Abhängigkeitsverhältnissen, sitzt am kürzeren Hebel oder will schlicht die Sache nicht weiter eskalieren lassen. Trotzdem möchte man etwas sagen. Dann empfiehlt es sich, möglichst ruhig und gelassen zu reagieren. In anderen Fällen ist es nötig, härter vorzugehen, bevor es dem Phrasendrescher wirklich gelingt, vom Thema abzulenken, einen Vorschlag niederzumachen oder eine neue Idee zu killen. Weitere Möglichkeiten: Sie reagieren mit Witz, einer Rückfrage oder dem schlichten Hinweis darauf, dass es sich um eine Killerphrase handelt.

Am Ende eines jeden Kapitels finden Sie ein Übungsprogramm, um zu testen, welche Konter Sie sich haben merken können und welche Ihnen selber einfallen.

Für alle, die gezielt nach ihnen nur allzu vertrauten Totschlagargumenten und möglichen Kontern darauf suchen, habe ich zum schnellen Nachschlagen alle Phrasen in alphabetischer Reihenfolge am Ende des Buches aufgelistet.

Ich wünsche Ihnen nun viel Spaß beim Lesen und Üben.

Die Ideenkiller

Montagmorgen. Redaktionssitzung bei der Lokalzeitung »Der Bote«. Der Chefredakteur Heinrich Gertler hat die Ressortleiterinnen* und Ressortleiter und eine Redakteursgruppe zu einer Brainstorming-Sitzung eingeladen. Ziel: Neue Ideen sollen entwickelt werden, um die Leser-Blatt-Bindung zu fördern. Nach kurzen einführenden Worten des Chefredakteurs und der Anzeigenleiterin wird die Brainstorming-Runde eröffnet. Die Frage lautet: Was können wir tun, um die Leser-Blatt-Bindung zu verbessern? Die Journalistinnen und Journalisten werden aufgefordert, alle Vorschläge, die ihnen spontan einfallen, zu nennen. Es gilt das Brainstorming-Prinzip: Masse geht vor Klasse *(siehe Seite 131)*. Die ersten Beiträge werden genannt und auf einem Flipchart notiert. Es macht den Teilnehmern offensichtlich Spaß, neue Ideen zu entwickeln, als plötzlich Rüdiger Hansen, Ressortleiter Wirtschaft, laut seine Stimme erhebt und lamentiert: »*Ach, was sollen wir uns hier was überlegen. Das verläuft doch sowieso alles im Sande. Wie immer.*« Können Sie sich vorstellen, was nun passiert? Der eben noch sprudelnde Ideenfluss versiegt. Plötzlich ist es still im Raum. Keiner traut sich, noch einen weiteren Vorschlag zu machen. Eine Killerphrase hat gefruchtet …

Es sind immer wieder dieselben Aussagen, die eine Idee stoppen, einen Vorschlag torpedieren, eine Sitzung kaputtmachen. Die Rede ist von Killerphrasen. Dahinter verbergen sich pauschale Scheinargumente,

* Wenn ich im Folgenden nicht immer auch die weibliche Form (Gesprächspartnerin, Kollegin, Teilnehmerin etc.) verwende, soll das keine Diskriminierung der Leserinnen sein, sondern geschieht allein um der Lesbarkeit willen.

die sich nicht wirklich mit einem Beitrag, einer Aussage, einem bestimmten Thema beschäftigen. Denn Killerphrasen sind – wie es ihr Name schon sagt – destruktiv. Oberstes Ziel: die Diskussion, das Gespräch, den Austausch abzutöten.

Typisch für Killerphrasen: Sie zielen auf die Gefühls-, nicht auf die Sachebene, um den anderen an einem wunden Punkt zu treffen, ihn zu verletzen und zum Schweigen zu bringen.

Im besten Falle verunsichern Killerphrasen »lediglich«, in anderen Fällen führen sie zu Frust oder Resignation, machen wütend oder gar hilflos, weil man einfach nicht (mehr) weiß, wie man sich gegen solche Totschlagargumente wehren soll.

Verflechtung von Gefühls- und Sachebene

Generell ist die Gefühlsebene im beruflichen Alltag von besonderer Bedeutung. Man würde spontan wahrscheinlich meinen, dass es dort eher sachlich zugeht und Gefühle am Arbeitsplatz nichts zu suchen haben. Aber wir dürfen nicht vergessen – hier arbeiten Menschen mit Empfindungen, Einstellungen, Wünschen, Bedürfnissen, Erwartungen, Prägungen etc.

»Unausgedrückter Groll und verborgene Verletztheit, vermiedene Auseinandersetzungen und scheinheilige Diplomatie, feindseliger Zank und kleinliche Nörgelei, harte Argumentationskämpfe auf der falschen Ebene, beherrschen häufig die Szene, wenn es auf der Beziehungsebene schwierig wird.«[1]

Kein Wunder, dass bei so genannten sachlichen Auseinandersetzungen die Sach- und Gefühlsebene miteinander verflochten sind. So mancher nimmt eine sachliche Diskussion zum Anlass, um mit dem anderen noch das eine oder andere Hühnchen zu rupfen.[2]

Auch Siegmund Freud wusste, wie sehr die Gefühlsebene Entscheidungen oder auch das Kommunikationsverhalten von Menschen beeinflusst. »Der Mensch ist ein emotionales Wesen«, sagte er und stellte mit dem so genannten Eisberg-Modell das Verhältnis Sach- und Gefühlsebene dar.

Eisberg-Modell

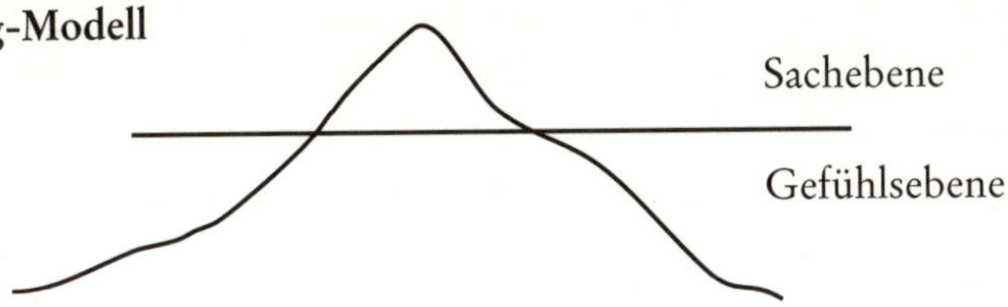

Das Besondere eines Eisbergs liegt darin, dass nur etwa ein Siebtel zu sehen ist, die restlichen sechs Siebtel bleiben verborgen. Dieses Modell ist übertragbar auf den Menschen und sein Verhalten. Der sichtbare Teil (Sachebene) ist geprägt von logischen, nachvollziehbaren, rationellen Entscheidungen. Der Großteil unseres Verhaltens jedoch wird von Gefühlen und Instinkten beeinflusst.

Was geschieht also, wenn zwei Menschen (im Modell = Eisberge) aufeinander treffen? Wo treffen Sie sich zuerst? Wie man im Modell sieht, berühren sich zuerst die Gefühlsebenen. Konsequenz: Wenn es auf der emotionalen Ebene zur Konfrontation kommt, dann ist es äußerst schwierig, auf der Sachebene etwas zu klären.

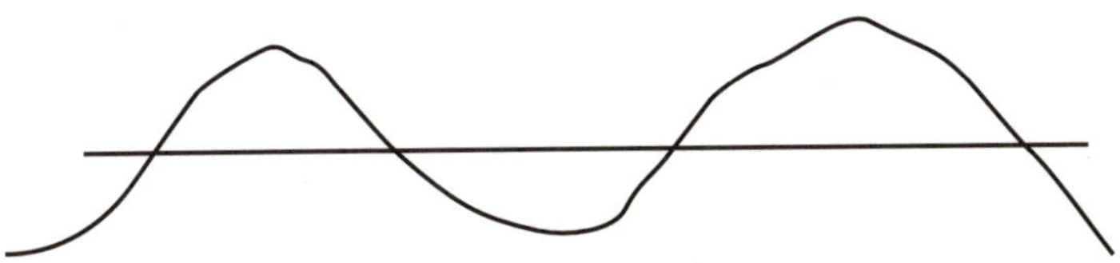

Störungen

Da die Killerphrasen-Angriffe auf die emotionale Ebene zielen, ist es wenig Erfolg versprechend, logisch-argumentativ dagegen vorzugehen. Phrasendrescher sind oft nicht aufnahmebereit für konstruktive Argumente. Erschwerend kommt hinzu: Killerphrasen können ohnehin kaum argumentativ widerlegt werden, wie folgendes Beispiel verdeutlicht:

Killerphrasen-Vorwurf: *»Sie wissen doch gar nicht, wovon Sie reden.«*
Ernsthafter Antwortversuch: *»Selbstverständlich kenne ich mich aus. Schließlich habe ich mich seit drei Jahren intensiv mit … beschäftigt. Zuvor war ich fünf Jahre lang als Experte für … bei der Firma XY*

beschäftigt. Ich hatte dort die Leitung von … Zudem habe ich schon im Studium …«

Hier wird schnell deutlich, warum es wenig Sinn macht, ernsthaft zu argumentieren. Sie beginnen zu reden, darzulegen, womöglich noch sich zu rechtfertigen oder gar zu entschuldigen und geraten unversehens in eine unterlegene Position. Lassen Sie sich nicht dorthin drängen. Es gibt keinen Grund sich zu verteidigen. Wenn Sie sehr ausführlich reagieren, wirken Sie getroffen. Mit anderen Worten: Die Killerphrase hat ihr Ziel, Sie emotional zu verunsichern, erreicht. Gibt es auch noch weitere Zuhörerinnen und Zuhörer, wird bei diesen womöglich der Eindruck erweckt, dass an dem Vorwurf doch was dran sein könnte. Warum sollten Sie sich sonst so lange erklären …? Möglich auch, dass die anderen in der Runde sich gestört fühlen, weil man durch Ihre ausführlichen Erläuterungen immer mehr vom eigentlichen Thema abkommt. Dann sind anstelle des Phrasendreschers urplötzlich Sie in der Rolle desjenigen, der eine konstruktive Diskussion verhindert.

Bei Killerphrasen weitaus Erfolg versprechender ist ein schlagfertiger Konter, der vor allem Signalwirkung hat und klar macht, dass Sie nicht in die Phrasenfalle tappen. Weisen Sie also den Sprücheklopfer mit einer entsprechenden Reaktion in seine Schranken, um dann schließlich auf die Sachebene zurückkehren zu können und inhaltlich wieder an das eigentliche Thema anzuknüpfen.

Es bleibt Ihrem Geschmack, der Art der Killerphrase und auch der Situation überlassen, ob Sie ganz ruhig und gelassen, mit Witz oder Ironie, einer Rückfrage, einer deutlichen Benennung oder sogar mit Schärfe reagieren.

In jedem Fall sollten Sie dem Phrasendrescher zeigen, dass Sie diese Form der Kommunikation nicht akzeptieren.

Es gilt unbedingt zu verhindern, dass Querulanten in Diskussionen, Gesprächen und Meetings die Oberhand gewinnen, andere frustrieren und damit Innovationen bereits im Keim ersticken. Legen Sie unbedingt Störern das Handwerk.

Wie geht man dabei am besten vor? Darum geht es im nächsten Kapitel.

Sich gegen Killerphrasen zur Wehr setzen

1. Schritt: Killerphrasen erkennen

Der wichtigste Punkt, um Killerphrasen erfolgreich abzuwehren: Sie müssen sie als solche zunächst einmal entlarven. Auch – oder vielleicht gerade – weil diese Sprüche sehr verbreitet sind, bedarf es einiger Übung, sie schnell als destruktive Scheinargumente zu erkennen und sie nicht mit einem echten Argument zu verwechseln.

Gefahr droht, wenn die Aussage bestimmte Merkmale hat. Ist sie

- pauschal,
- inhaltslos,
- abwehrend,
- abwertend,

… dann haben Sie es sehr wahrscheinlich mit einer Killerphrase zu tun.

Ich unterscheide sechs Typen von Killerphrasen:

Beharrungs-Killerphrasen

Autoritäts-Killerphrasen

Besserwisser-Killerphrasen

Bedenkenträger-Killerphrasen

Vertagungs-Killerphrasen

Angriffs-Killerphrasen

Beharrungs-Killerphrasen – oder: »Das haben wir schon immer so gemacht.«

Beharrungs-Killerphrasen sind Aussagen, die – wie der Name schon sagt – bestimmte Entwicklungen, Veränderungen, Bewegungen verhindern wollen. Alles soll so bleiben, wie es ist, denn: *»Das haben wir schon immer so gemacht.«* (*siehe auch Seite 34*) – eine der am häufigsten genannten Killerphrasen. Da Veränderungen bei vielen Menschen mit Verunsicherungen verbunden sind, sträuben sie sich zunächst einmal gegen alles Neue, Unbekannte, Fremde. Ausdruck dieser Abwehr sind Beharrungs-Killerphrasen. Weitere Beispiele dieser Gattung: *»Das würde unseren Prinzipien widersprechen.« (siehe Seite 36 f.), »Bislang sind wir auch ganz gut ohne XY ausgekommen.« (siehe Seite 37 f.), »Die jetzige Lage macht es unmöglich, etwas zu verändern.« (siehe Seite 38 f.).*

Diese Form der Killerphrasen ist besonders verbreitet – und genau darin liegt die Gefahr. Man hört sie so oft, dass man sie gar nicht als Killerphrase bewusst wahrnimmt. Die bekanntesten Vertreter dieses Typs und die besten Konter darauf finden Sie ab Seite 33 ff.

Autoritäts-Killerphrasen – oder: »Was hier wichtig ist, bestimme noch immer ich.«

Diese Form der Killerphrase erweckt den Anschein von Autorität. Jemand, der darauf zurückgreift, fühlt sich dem anderen überlegen oder meint, diese angebliche Überlegenheit auch jedem aufs Brot schmieren zu müssen. Entweder handelt es sich um einen sehr autoritären Chef, der keine Götter neben sich duldet, oder es versucht jemand sich als Autorität aufzuspielen, um diverse Minderwertigkeitsgefühle zu kompensieren mit Aussagen wie:

»Was hier wichtig ist, bestimme noch immer ich.« (siehe Seite 48 f.), »Lassen Sie sich das von mir sagen: Das geht so nicht.« (siehe Seite 49 f.), »Damit kann ich mich einfach nicht beschäftigen. Ich habe Wichtigeres zu tun.« (siehe Seite 50 f.) Solche Sätze sollen vor allem das Gegenüber einschüchtern. Diese Form der Kommunikation hat nichts mit partnerschaftlichem Austausch auf Augenhöhe zu tun – sie ist das genaue Gegenteil davon.

Mit Autoritäts-Killerphrasen soll der andere in eine unterlegene Position gedrängt und dazu gebracht werden, von der eigenen Idee abzurücken.

Die typischsten Repräsentanten dieses Typs und die besten Konter darauf finden Sie ab Seite 48 ff.

Besserwisser-Killerphrasen – oder: »Das siehst du völlig falsch.«

Besserwisser-Phrasendrescher sehen sich selbst als die intelligenteren Menschen. Sie wissen alles besser, verstehen nicht, dass andere (noch) nicht so denken wie sie, können schon weit im Voraus sagen, wie alles ausgeht und scheuen sich auch nicht, jederzeit »ihr besseres Wissen« kundzutun, damit nur ja nicht andere, natürlich viel schlechtere Ideen, eine Chance bekommen, sich durchzusetzen. Besserwisser-Killerphrasen lauten z.B.: *»So wie Sie die Sache anpacken, wird das nie was.« (siehe Seite 62 f.), »Das wird nicht klappen, beim letzten Mal ging's ja auch in die Hose.« (siehe Seite 63 f.), »Das ist doch alles reine Theorie. In der Praxis sieht alles ganz anders aus.« (siehe Seite 64 f.).* Diese Phrasendrescher sind bemüht, allem und jedem ihr Wissen aufzudrängen – ob die anderen wollen oder nicht. Die typischsten Floskeln dieses Typs und die besten Konter darauf finden Sie ab Seite 61.

Bedenkenträger-Killerphrasen – oder: »Was werden denn die anderen sagen?«

Bei diesem Typ zeigt sich eine gewisse Parallele zu den Beharrungs-Killerphrasen: die Angst vor Veränderung. Sie ist ein wesentlicher Grund, weshalb immer wieder zu Bedenkenträger-Killerphrasen gegriffen wird. Ist das Alte und Bewährte auch noch so schlecht – man kennt sich damit wenigstens aus und weiß, was man zu erwarten hat. Im Gegensatz zu den Beharrungs-Phrasendreschern treten die Berufszweifler sehr zögerlich auf.

Sie versuchen Neuerungen abzuwehren mit Sätzen à la *»Wie soll denn das gehen?« (siehe Seite 77 f.), »Das lässt sich doch zeitlich gar nicht machen.« (siehe Seite 79), »Warum haben es denn andere noch* *nicht gemacht, wenn Ihre Idee so klasse ist?« (siehe Seite 78)* – und machen damit Menschen, die nach vorne schauen, auf Weiterentwicklung Wert legen und auf der Suche nach Verbesserungen sind, das Leben schwer.

Gäbe es auf der Welt nur Bedenkenträger – nichts, aber auch rein gar nichts würde sich bewegen. Mittelalterliche Zustände wären garantiert.

Die typischsten Sprüche dieses Typs und die besten Konter darauf finden Sie ab Seite 75.

Vertagungs-Killerphrasen – oder: »Das sollten wir noch einmal überdenken.«

Nur nicht entscheiden müssen – man könnte ja was falsch machen. Aus lauter Angst davor, einen Fehler zu begehen, oder weil die Lust fehlt, sich mit einem Thema zu beschäftigen, zögert der Nutzer von Vertagungs-Killerphrasen das Ganze hinaus und schiebt es auf die lange Bank. Gern greift er zu Aussagen wie: *»Darüber muss mal eine Nacht geschlafen werden.« (siehe Seite 91), »Kommt Zeit, kommt Rat.« (siehe Seite 92), »Ohne jetzt die Diskussion abwürgen zu wollen …« (siehe Seite 92 f.)* – immer in der Hoffnung, dass er irgendwie um eine Entscheidung drumherum kommt, sei es, dass der andere selber das Thema vergisst oder – noch besser – alles sich von selbst erledigt.

Die typischsten Vertreter dieses Typs und die besten Konter darauf finden Sie ab Seite 90.

Angriffs-Killerphrasen – oder: »Mein Gott, Sie sind immer so emotional«

Ein Charakteristikum von Killerphrasen ist, wie bereits eingangs beschrieben, dass es Scheinargumente sind, die ein Ziel verfolgen: die Diskussion abzutöten. Unterschwellig geht es auch darum, den anderen herabzusetzen, ihn lächerlich zu machen, ihn bloßzustellen.

In dieser Kategorie von Killerphrasen wird der persönliche Angriff nicht mal mehr unterschwellig vorgenommen, sondern ganz offensichtlich ist das Gegenüber und nicht die Sache, über die gesprochen wird, das Ziel des Angriffs. Aus diesem Grunde bezeichne ich diese Form als Angriffs-Killerphrasen. Häufige Aussagen sind:

»Das ist wieder typisch für Sie …« (siehe Seite 104 f.), »Wie kann man nur so unrealistisch sein?« (siehe Seite 105), »Nun denken Sie doch einmal nach, auch wenn's schwer fällt.« (siehe Seite 106).

Der Phrasendrescher nimmt kein Blatt vor den Mund, wie diese Beispiele zeigen. Die typischsten Vertreter dieses Typs und die besten Konter darauf finden Sie ab Seite 101.

Zu erkennen, dass es sich um eine Killerphrase handelt, ist der erste Schritt, um sich erfolgreich gegen derlei Aussprüche zur Wehr zu setzen. Im zweiten Schritt geht es um den gekonnten Konter.

2. Schritt: Gekonnt kontern

Dass es wichtig ist, Killerphrasendrescher nicht ihr Unwesen treiben zu lassen, liegt auf der Hand. Sonst ist ein konstruktives und kreatives Arbeitsklima stark gefährdet.

Am überzeugendsten wird der Konter ausfallen, wenn es Ihnen gelingt, den Angriff nicht persönlich zu nehmen. Das ist zugegebenermaßen leichter gesagt als getan. Werden Sie mit einer Killerphrase wie *»Ach, das haben schon ganz andere versucht«* konfrontiert, sind Sie wahrscheinlich ziemlich ärgerlich. »So eine Gemeinheit«, denken Sie vielleicht, »mich so abzuspeisen!« Je mehr Sie sich aufregen, desto größer ist die Gefahr, dass die Emotionsfalle zuschnappt und Sie nicht mehr in der Lage sind, angemessen, das heißt mit dem genügenden Abstand und einer großen Portion Überlegenheit, auf die Killerphrase reagieren zu können. Sehr wahrscheinlich war das genau das Ziel des Phrasendreschers. Er wollte Sie aus der Reserve locken und wird sich nun freudig die Hände reiben, dass Sie prompt darauf hereingefallen sind.

Besser ist es also, aufmerksam zu registrieren, wie hier jemand versucht, Ihre Argumentation zunichte zu machen. Atmen Sie ruhig ein und aus und nutzen Sie die kurze Pause zur Überlegung, auf welche Technik aus Ihrem Konterrepertoire, das ich Ihnen nun gleich vorstellen werde, Sie zurückgreifen möchten. Dazu gilt es zu klären: Was wollen Sie erreichen? Möglichst ruhig fortfahren und schnell zum Thema zurückkommen, den anderen zum Schweigen bringen oder ihm endlich mal zeigen, wo der Hammer hängt? Diese Zielklarheit führt Sie auf direktem Wege zur passenden Konter-Technik.

Und noch was: Bei aller Konzentration auf die Suche nach den richtigen Worten, dürfen Sie eines nicht vergessen: Es geht bei einem guten Konter nicht nur um das Was, sondern auch um das Wie.

Das heißt, ein und dieselbe Aussage kann einmal ganz nüchtern ausgesprochen recht harmlos wirken, mit entsprechender Betonung aber sich in einen scharfen Angriff verwandeln. Deshalb möchte ich Sie auffordern, die als Kontervorschläge genannten Beispiele am besten laut zu lesen und in unterschiedlicher Weise zu betonen, um ein Gefühl dafür zu entwickeln, wie sehr dadurch Bedeutungsunterschiede entstehen.

Hinzu kommt der Ausdruck Ihrer Körpersprache. Selbst wenn Sie eine Killerphrase bewusst überhören oder ignorieren wollen, ist es ganz entscheidend, was Ihre Gestik, Mimik und Haltung zum Ausdruck bringen. Peinliches Berührtsein, neutrales Über-den-Dingen-stehen oder selbstbewusstes Dagegenhalten? *(siehe Seite 22)*

Nun aber genug der Vorrede. Kommen wir zu den fünf Kontermöglichkeiten, die ich Ihnen vorschlagen möchte:

 der Cool-down-Konter

 der Benennungs-Konter

? der Rückfrage-Konter

 der Humor-Ironie-Konter

 der Haifisch-Konter

Der Cool-down-Konter – einen kühlen Kopf bewahren

Wie ich bereits gezeigt habe, sind lange, argumentative Erörterungen nicht *das* Mittel der Wahl als Reaktion auf eine Killerphrase *(siehe Seite 11 f.).* Das heißt aber nicht, dass man es dem Gegenüber um jeden Preis in barer Münze heimzahlen muss, auch wenn es ab und an der einzig wirkungsvolle Weg zu sein scheint *(siehe Haifisch-Konter Seite 30 ff.).*

Eine Möglichkeit des Konterns besteht darin, dem anderen nicht den Gefallen zu tun, auf eine dumme Bemerkung, Provokation oder gar Beleidigung einzusteigen. Nein, Sie lassen sich nicht reizen, zu Worten verleiten, die Ihnen hinterher vielleicht Leid tun oder die deutlich machen könnten, dass der Phrasendrescher voll ins Schwarze getroffen hat. Nein, Ihre Strategie lautet: Cool-down – die Alternative, um unaufgeregt, gelassen, abgeklärt zu antworten.

Der Cool-down-Konter bietet Ihnen verschiedene Möglichkeiten:

a) **Richtigstellung**: Sie stellen kurz und knapp richtig, was fälschlicherweise durch die Killerphrase zum Ausdruck kam und führen dann rasch auf das Thema zurück.

☞ **Beispiel**

Killerphrase: »Sie sind aber immer so empfindlich.«
Konter: »Ich bin keineswegs empfindlich, mir liegt nur viel am Thema. Und deshalb lassen Sie uns jetzt weiter darüber reden.«

b) **Interesse oder Zustimmung:** Indem Sie Interesse für den anderen zeigen, nehmen Sie die Brisanz aus dem Gespräch und tragen zur Entspannung und Wogenglättung bei. Ihr Gegenüber wird bereiter sein, sich auf ein Gespräch einzulassen, wenn Sie sich für ihn und seine Position interessieren.

☞ **Beispiel**

Killerphrase: »So, wie Sie die Sache anpacken, wird das nie was.«
Konter: »Ich wäre gespannt, wie Sie die Sache anpacken würden. Geben Sie mir einen Tipp.« *(siehe Seite 62 f.)*

Ganz nebenbei kann diese Form des Konters auch erzieherisch wirken. Sollte Ihr Gegenüber nämlich keinen Vorschlag parat haben, wird er sich bei nächster Gelegenheit mit Bemerkungen dieser Art zurückhalten. Schließlich muss er damit rechnen, dass Sie wieder »freundlich« nachfragen, was er meint, denkt, befürchtet etc.

Sie können Ihren Konter auch mit einem Dank (für den Beitrag) oder einem kurzen Lob (interessante Bemerkung ...) oder einer Zustimmung einleiten, um dann fortzufahren.

☞ **Beispiel**

Killerphrase: »Wir brauchen keine neuen Ideen, wir brauchen zuverlässige Mitarbeiter.«

Konter: »Sie haben ganz Recht: Wir brauchen zuverlässige Mitarbeiter, und die brauchen neue Ideen, um unser Unternehmen ganz weit nach vorn zu bringen.« *(siehe Seite 41)*

Der Vorteil dieser Methode liegt darin, dass Sie Ihren Standpunkt klar machen, ohne allzu sehr einzusteigen oder sich gar emotional »zu verausgaben«.

c) **Umdeutung**: Der Psychotherapeut und Kommunikationswissenschaftler Paul Watzlawick bezeichnete diese Methode als *»die sanfte Kunst des Umdeutens«*. Die Kunst liegt darin, die Bedeutung, die der Phrasendrescher seiner Aussage mitgibt, umzuinterpretieren. Das heißt, etwas, was als nachteilig gemeint war, als positiv darzustellen.

☞ **Beispiel**

Killerphrase: »Das wird nicht klappen, beim letzten Mal ging's ja auch in die Hose.«

Konter: »Gerade weil es beim letzten Mal nicht geklappt hat, wissen wir jetzt ganz genau, wie wir es richtig machen müssen.« *(siehe Seite 63)*

Durch das Umdeuten gelingt es Ihnen, ohne große Aufregung der Killerphrase die Speerspitze zu nehmen. Damit ist die beste Voraussetzung geschaffen für einen sachlichen Austausch.

d) **Überhören**: »Si tacuisses, philosophus mansisses«, heißt es bei Boethius in »Trost der Philosophie«. – »Hättest du geschwiegen, wärest du Philosoph geblieben«, d. h. du hättest dir keine Blöße gegeben.

Manchmal ist Schweigen wirklich Gold.

In diesem Falle überhören Sie den Angriff, Vorwurf, die Provokation und tun so, als hätte Ihr Gegenüber eine völlig normale Antwort gegeben, die Sie nur kurz zur Kenntnis nehmen (»danke für den Beitrag«), um dann wie selbstverständlich zur Tagesordnung überzugehen.

☞ **Beispiel**

Killerphrase: »Bislang sind wir auch ganz gut ohne XY ausgekommen.«

Konter: »Danke für Ihren Beitrag. Wir kommen zu dem Thema ...« *(siehe Seite 37)*

Bevor man keine gute, geschickte oder passende Antwort findet, ist es mitunter einfach besser (auch im Sinne des Gesprächs) das Gesagte zu ignorieren und mit dem weiterzumachen, was man ursprünglich vorhatte.

Trotzdem: Die Überhör-Methode möchte ich Ihnen nicht so uneingeschränkt empfehlen wie die zuvor genannten. Denn: Sie hat drei gravierende Nachteile. Die Killerphrasen-Bemerkung hängt nach wie vor im Raum, ohne dass ihr richtig Paroli geboten worden wäre. Könnte sein, dass es Ihnen als rhetorische Schwäche ausgelegt wird. Gesprächspartner und erst recht Zuhörer könnten denken – aha, da scheint was dran zu sein, sie bzw. er weiß darauf gar nichts zu erwidern ...

Beim Ignorieren kommt der Mimik, Gestik, Körperhaltung noch eine größere Bedeutung zu, als es ohnehin schon der Fall ist *(siehe Seite 18)*. Sie müssen unbedingt durch entsprechende Haltung (erhobenes Haupt, gerade Haltung, selbstbewusster Blick, entschiedene Gestik) vermitteln, dass Sie über den Dingen stehen.

Abgesehen davon bedarf es enormer Disziplin, auf dummdreiste Sprüche gar nicht zu reagieren. Auch das liegt nicht jedermann und jederfrau ...

Und noch ein letzter Punkt, der kritisch anzumerken ist: Wenn Sie jemanden so mit Nichtachtung strafen, kann das genaue Gegenteil erreicht werden von dem, was Sie mit dem Cool-down-Konter eigentlich bewirken wollten. Nämlich: Der andere wird erst recht wütend, fühlt sich übergangen, persönlich nicht wahrgenommen. Sie wissen ja, die emotionale Ebene ist wichtig …

Fazit

Ruhig, gelassen und zurückgenommen zu reagieren, ist eine Kunst der Selbstbeherrschung und generell wohl einer der besten Wege, um eine Diskussion wieder zu versachlichen.

Mit dem Cool-down-Konter machen Sie klar: Sie behalten im Gegensatz zu Ihrem Gegenüber einen kühlen Kopf und sorgen dafür, dass weiter über das Thema gesprochen wird. Besonders angebracht ist der Cool-down-Konter,

- wenn Sie auf gar keinen Fall Streit wollen
- unbedingt in einer Sache, bei einem Thema weiterkommen wollen
- es sich nicht erlauben können, sich mit dem bzw. der anderen auf eine Auseinandersetzung einzulassen, weil Sie vielleicht von ihm/ihr abhängig sind
- wenn Ihnen einfach an einem möglichst gewinnbringenden Austausch für beide Seiten gelegen ist.

Und eins sollten Sie immer im Kopf behalten: Selbst wenn ein Gegenüber eine Killerphrase benutzt, heißt das nicht, dass es ihm selber auch klar ist. Manchmal geschieht es aus reiner Gewohnheit ohne böse Absicht. Mit einer Cool-down-Reaktion vermeiden Sie unnötige Aufregung bzw. eine weitere Eskalation des Gesprächs.

Der Benennungs-Konter – das Kind beim Namen nennen

Gerade in Konferenzen, Meetings und Sitzungen ist diese Methode sehr nützlich. Statt in irgendeiner Weise auf die Killerphrasen einzugehen, nennen Sie das Kind beim Namen. Das heißt, Sie weisen Ihr Gegenüber darauf hin, dass es keinen Sinn macht, auf derlei Weise zu kommunizieren.

☞ **Beispiel**

Killerphrase: »Wie oft soll ich es Ihnen noch sagen, dass das nicht klappt.«

Konter: »So lange, bis wir uns darauf einigen, uns vernünftig zu unterhalten und Killerphrasen wie diese zu unterlassen.« *(siehe Seite 55)*

Indem Sie so deutlich werden, machen Sie einer möglichen Killerphrasen-Inflation gleich zu Beginn den Garaus. Tipp: Sie sollten das so emotionslos wie nur möglich machen. Denn es kann auch sein, dass es kein böser Wille Ihres Gesprächspartners war, er also unbewusst zu einer Killerphrase gegriffen hat. Machen Sie ihn auf diese Weise darauf aufmerksam.

Erst wenn klar ist, dass der Gesprächspartner ganz gezielt mit derlei Sprüchen um sich wirft, sollten Sie auch Stimme und Sprechweise verschärfen, um zu betonen, wie ernst Ihnen die Angelegenheit ist.

Mit der Benennung wechseln Sie in Ihrem Kommunikationsverhalten auf die Metaebene. Mit anderen Worten: Sie machen die Kommunikation selbst zum Thema, indem Sie auf die Kommunikationsstörung hinweisen.

Gibt es in der Sitzung einen Diskussionsleiter bzw. Moderator, dann sollte es dessen bzw. deren Aufgabe sein, über die Art der Kommunikation zu wachen oder gegebenenfalls schon im Vorfeld beim Vereinbaren von Arbeits- bzw. Diskussionsregeln den Punkt »Killerphrasen vermeiden« aufzuführen. Sollte trotzdem eine fallen, kann er oder sie auf den Punkt hinweisen und dies benennen. Vielleicht auch eine Anregung für künftige Sitzungen in Ihrem Haus: Stellen Sie eine Killerphrasen-Kasse auf. Wann immer jemand – bewusst oder unbewusst – mit einer solchen Phrase der Diskussion schadet, muss er einen Euro Strafgeld in die Kasse zahlen. Zur Erinnerung, was Sie mit Killerphrasen meinen, könnten Sie die Liste der typischsten Killerphrasen *(siehe Seite 125 ff.)* kopieren und für alle sichtbar aufhängen.

Fazit

Der Vorteil dieser Konter-Technik liegt darin, dass man – wenn man Untertöne möglichst vermeidet – recht unaufgeregt reagiert und damit nicht noch mehr Öl ins Feuer gießt. Es gibt also damit gute Voraussetzungen, wieder auf die sachliche Ebene zurückzugelangen. Außerdem müssen Sie nicht besonders viel Phantasie oder Wortwitz an den Tag legen, um diese Technik anzuwenden.

Eins darf man hier aber nicht übersehen: Streng genommen könnte man den Benennungs-Konter auch selber als Phrasendreschmaschine benutzen. Ein Satz wie *»Lassen Sie doch bitte diese Killerphrase«* ist – falsch angewandt, z.B. als Reaktion auf ein echtes Argument oder einen Einwand, selber eine Killerphrase. Aber diesen Missbrauch würden Sie selbstverständlich nie treiben, nicht wahr?!

? Der Rückfrage-Konter – die Richtung vorgeben

Wer fragt, führt. Vielleicht kennen Sie die bewährte Gesprächsführungs-Regel. Mit einer Frage können Sie die Richtung des Gesprächs beeinflussen und sogar erheblich Druck auf den anderen ausüben. Denn wir alle neigen dazu – intuitiv und weil wir es möglicherweise von klein auf so gelernt haben (*»Antworte, wenn ich dich was frage!«*) –, Fragen zu beantworten, auch wenn wir es vielleicht gar nicht wirklich wollen oder müssen. In diesem Falle machen Sie sich diesen Automatismus zunutze.[3]

Aber auch noch aus anderen Gründen ist diese Methode als Kontertechnik gut geeignet: Mit der Rückfrage können Sie die Diskussion versachlichen und Ihrem Gesprächspartner den Ball zurückwerfen. Nun ist Ihr Gegenüber dran, konkret zu werden. Sie haben sich eine Verschnaufpause verschafft und können in Ruhe Ihre Gedanken sortieren, während der andere auf Ihre Rückfrage reagieren muss.

Auf die meisten dummdreisten Killerphrasen lässt sich mit der Standardfrage »*Wie meinen Sie das*?« reagieren. Damit können Sie den anderen aus der Reserve locken, er kann sich nicht länger hinter einer pauschalen Aussage verstecken, sondern muss selber ran.

☞ **Beispiel**

Killerphrase: »Wir sind noch nicht so weit, etwas zu verändern.«
Konter: »Wie lange brauchen Sie noch dafür?« *(siehe Seite 41)*

Neutral, ohne große Betonungen ausgesprochen, kann dies eine recht sachliche Rückfrage sein. Doch es geht auch anders: Wenn Sie diese Antwort einmal laut vorlesen, indem Sie z.B. »*wie lange*« betonen oder das Wort »*Sie*«, wird deutlich, dass sich aus einer scheinbar harmlosen Rückfrage scharfer Konter entwickeln lässt.

Das trägt natürlich nicht zu einem entspannteren Miteinander bei. Andererseits ist es – das wissen wir – manchmal nötig, dem anderen ganz deutlich die gelbe oder rote Karte zu zeigen, damit er merkt, dass er dieses Spiel nicht unendlich lang treiben kann.

Die Rückfrage-Technik lässt sich auch noch erweitern, indem Sie ein anerkennendes Wort/Lob vorwegschicken und erst dann die Frage stellen.

☞ **Beispiel**

Killerphrase: »Lassen Sie sich das von mir sagen: das geht so nicht.«
Konter: »Sie halten das also nicht für möglich. Das ist sehr interessant. Erläutern Sie uns doch mal, was aus Ihrer Sicht dagegen spricht?« *(siehe Seite 49)*

Mit dem Rückfrage-Konter können Sie überprüfen, ob hinter dem Spruch eine beabsichtigte Killerphrase steckt oder nur eine aus Gewohnheit dahingesagte Bemerkung. Wenn Sie zurückfragen, werden Sie erkennen, ob der andere sich ernsthaft mit Ihrem Thema auseinandergesetzt hat oder lediglich abblocken wollte.

Manchmal gibt ein Phrasendrescher nach einer Rückfrage nicht sofort auf und setzt noch eine weitere Killerphrase drauf.

☞ **Beispiel**

Killerphrase: »Das haben wir schon immer so gemacht.«
Konter: »Sie sehen also keine Möglichkeit, sich hier weiter zu entwickeln?«
Killerphrase: »Ach, das wird sich nie ändern.«

Dann sollten Sie nicht verzweifelt aufgeben, sondern »Schallplatte mit Sprung» spielen und weiter nachhaken mit Fragen wie

»Was meinen Sie genau?«
»Was heißt das konkret?«
»Warum nicht?«

Wenn Sie ganz bewusst das Gespräch wieder in eine positive Richtung bringen wollen, stellen Sie eine gezielte Rückfrage wie:

Konter: »Was muss passieren, damit es sich ändert?«

Damit geben Sie deutlich die konstruktive Denkrichtung vor. Statt nach Bestätigungen zu suchen, warum und wieso etwas sowieso nicht klappt, und statt sich so richtig durch ein Vertiefen in die Probleme selbst zu blockieren, fordern Sie vielmehr zur Suche nach Möglichkeiten auf, wie es funktionieren könnte. Anders ausgedrückt: Sie zeigen damit, dass Sie statt des problemorientierten Denkens den zielorientierten Weg mit der Suche nach Lösungen vorziehen und können so dem ins Stocken geratenen Gespräch eine positive Wendung geben.

Sie können die Reaktion auch vertagen und hängen eine Frage an. Das bietet sich besonders in einer Diskussion mit mehreren Personen an.

☞ **Beispiel**

Killerphrase: »Das lässt sich bei uns nicht machen.«
Konter: »Herr Klein meint, dass sich das bei uns nicht machen lässt. Was halten Sie davon, zunächst mal Argumente zu sammeln, die dafür sprechen, dass es klappen könnte, um dann anschließend noch einmal die Punkte, die Herr Klein vorbringt, zu besprechen?«

Die Rückfrage ist im engsten Sinne natürlich keine Frage, auf die eine Antwort erwartet wird. Es handelt sich vielmehr um ein rhetorisches Stilmittel. Dies ist ein geschickter psychologischer Schachzug: sich zunächst mit dem Positiven zu beschäftigen und die Behandlung der Killerphrase nach hinten zu legen. So gibt es die Möglichkeit, viele Pluspunkte zu finden, die Diskussion wieder flott zu machen. Das wiederum erschwert es Phrasendrescher Klein, im Anschluss erneut dagegen zu halten. Hinzu kommt: Herr Klein kann nichts gegen diese Vorgehensweise vorbringen – es sei denn, er wollte sich unbedingt als absoluter Miesmacher outen.

Fazit

Die Vorteile der Rückfrage-Technik liegen auf der Hand: Ihnen gelingt es, ohne großen Energieaufwand aus der unterlegenen Position herauszukommen. Ihr Gesprächspartner gerät in Zugzwang und muss erklären, was er genau gemeint hat. Pauschale Luftblasen zerplatzen im Nu.

Sie können (vorausgesetzt Sie wollen es) mit dieser Technik auf die Sachebene zurückführen und darüber hinaus ist diese Methode leicht zu merken bzw. anzuwenden. Sie selbst verschaffen sich damit eine Verschnaufpause, weil Ihr Gegenüber gefordert ist, auf Ihre Frage zu antworten.

Manchmal braucht es ein wenig Ausdauer, weil Ihr Gegenüber nach einer Rückfrage sich in eine weitere Killerphrase flüchten könnte. Für Sie gilt dann: dranbleiben und weitere Fragen stellen.

Mit entsprechender Betonung lässt sich die Rückfrage allerdings auch in einen scharfen Angriff verwandeln, der dann mehr einem Haifisch-Konter gleicht *(siehe Seite 30 ff.)*.

Der Humor-Ironie-Konter – alles nicht so ernst nehmen

Lachen kann eine angespannte Situation auflockern. Schön, wenn Ihnen eine amüsante Bemerkung einfällt, die zu allgemeiner Stimmungsaufbesserung beitragen kann. Das wäre sozusagen Stufe 1 dieser Kontermethode.

Stufe 2 hingegen geht schon stärker zum Gegenangriff über: Mit einem ironisierenden Konter können Sie demonstrieren, dass Sie sich nicht so leicht provozieren lassen, den anderen nicht ernst nehmen und über den Dingen stehen. Die Palette der Möglichkeiten ist breit:

a) **Zitieren**: Sie können Zitate oder Sprichwörter anführen, die die Killerphrase widerlegen oder sogar ins Lächerliche ziehen.

☞ **Beispiel**

Killerphrase: »Man muss die Traditionen mehr achten.«
Konter: »Wie sagte schon der französische Maler und Schriftsteller Francis Picabia: ›Der Kopf ist rund, damit das Denken die Richtung wechseln kann‹.« *(siehe Seite 40)*

Tipp:

Falls Sie keine passenden Zitate parat haben, lohnt es sich, vorab in einer Zitatensammlung nachzusehen (z.B. *www.zitate.de*), ein paar Sprüche zu notieren und die dann für den Fall der Fälle auswendig zu lernen.

b) **Falsch verstehen**: Sie verstehen einen Vorwurf absichtlich inhaltlich falsch, z.B. als Kompliment.

☞ **Beispiel**

Killerphrase: »Typisch Frau!«
Konter: »Danke für das Kompliment.«

Sie können natürlich auch so tun, als hätten Sie akustisch die Killerphrase nicht richtig verstanden.

☞ **Beispiel**

Killerphrase: »All die Jahre hat das funktioniert. Und nun soll alles nichts mehr wert sein?«
Konter: »Was, Aldi hat das auch schon versucht?« *(siehe Seite 40)*

Diese Form des Humor-Ironie-Konters ist für Anfänger allerdings schwerer umzusetzen, als man auf den ersten Blick meinen könnte. Denn die Kunst liegt darin, spontan ein Wort zu finden, das so ähnlich wie eins aus der Killerphrase klingt, um daraus eine Reaktion zu entwickeln. Da hilft nur eins: üben, üben, üben.
Ob inhaltliches oder akustisches Missverstehen – diese Methode ist wunderbar geeignet, dem anderen den Wind aus den Segeln zu nehmen. Fassen Sie persönliche Bemerkungen einfach als Kompliment auf. Es kann Phrasendrescher ganz schön aus dem Konzept bringen, wenn eine Beleidigung oder Provokation nicht fruchtet. Der Sprüche-

klopfer ist auf Konfrontation eingestellt, aber der andere macht einfach nicht mit. Wissen Sie, wie ärgerlich das sein kann?

c) **Schein-Kompliment**: Dritte Möglichkeit: Sie machen dem anderen ein Schein-Kompliment.

☞ **Beispiel**

Killerphrase: »Sie brauchen gar nicht weiter zu reden. Ich mache das sowieso nicht.«

Konter: »Schön, dass Sie so offen gegenüber Argumenten sind.« *(siehe Seite 51)*

Zu empfehlen ist gerade das Schein-Loben bei arroganten Wichtigtuern. Diese Menschen kommen scheinbar selbstsicher daher, sind aber häufig innerlich schwach und versuchen durch entsprechendes Auftreten, ihre Schwäche zu kompensieren. Wenn Sie solche Phrasendrescher auch noch loben, sorgen Sie bei Ihnen zumindest für Verwirrung. Wenn Sie ihnen ganz kräftig »Honig um den Bart schmieren«, wird dem Gegenüber zwar klar werden, dass Sie ihn veräppeln wollen, aber immerhin merkt er, dass er mit seiner Methode des Phrasendreschens nicht durchkommt.

d) **Schuldeingeständnis**: Sie entschuldigen sich übertrieben und streuen heftigst Asche auf Ihr Haupt.

☞ **Beispiel**

Killerphrase: »Die Frage kann man so nicht stellen.«

Konter: »Ach, das tut mir so Leid. Ich kann einfach nicht anders. Entschuldigung.« *(siehe Seite 54)*

Damit geben Sie die Killerphrase der Lächerlichkeit preis.

e) **Nonverbale Reaktion**: Sie sagen gar nichts, sondern lachen einfach nur laut auf, nachdem Ihr Gegenüber eine Killerphrase zum Besten gegeben hat.

Fazit

Mal ehrlich: Es kann sehr befriedigend sein, einem Dauer-Phrasendrescher, der immer und immer wieder versucht, Diskussionen zu torpedieren, mal wirklich deutlich die Lächerlichkeit seiner Bemerkungen vor Augen zu führen – am besten wirkt dies in einer Runde, wenn man dann noch die Lacher auf der Seite hat.

Aber Sie sollten diese Technik nur sehr sparsam einsetzen und sich genau überlegen, wann Sie sich den Humor-Ironie-Konter »erlauben» können.

Eine humorvolle Bemerkung kann dem Gesprächsklima gut tun, eine ironisierende Antwort, die das Gesagte oder Ihr Gegenüber lächerlich macht, eher nicht.

5. Der Haifisch-Konter – die Zähne zeigen

Jemand lässt eine Killerphrase fallen und Sie halten dagegen und zahlen es ihm mit gleicher Münze oder sogar noch in verschärfter Form zurück. Der Haifisch-Konter nimmt keine Rücksicht auf Verluste und sollte – wenn überhaupt – die letzte aller Möglichkeiten sein, wenn der andere nun gar nicht mit der Phrasendrescherei aufhören will, wenn es nötig ist, ein deutliches Zeichen zu setzen, wenn alle anderen sachlichen Versuche nicht gefruchtet haben. Möglicherweise gelingt es Ihnen, den Gesprächspartner so sehr zu »beeindrucken», dass er künftig lieber davon absieht, Sie zu provozieren.

Generell ist es natürlich keine optimale Lösung, selber auch mit Schärfe zu reagieren. Aber wie gesagt, ab und an bedarf es eines überaus deutlichen Wortes. Ihnen stehen für den Haifisch-Konter mehrere Wege offen:

a) **Retourkutsche**: Der klassische Weg – sie zahlen mit gleicher Münze zurück und benutzen vielleicht sogar Wörter, die auch der Phrasendrescher verwandt hat.

☞ **Beispiel**

Killerphrase: »Ich habe das Gefühl, dass die Zeit dafür noch nicht reif ist.«

Konter: »Vielleicht ist es bei Ihnen an der Zeit, mal die eigenen Gefühle zu überprüfen.« *(siehe Seite 93)*

b) **Aufdecken**: Sie legen offen, was der andere mit der Killerphrase eigentlich zum Ausdruck bringen wollte, wozu er aber nicht den Mut aufbrachte, es so direkt zu sagen.

☞ **Beispiel**

Killerphrase: »Wir brauchen keine neuen Ideen, wir brauchen zuverlässige Mitarbeiter.«

Konter: »Sie wollen also damit sagen, dass wir nicht zuverlässig sind?!« *(siehe Seite 42)*

Mit dieser Kontermethode drängen Sie den Sprücheklopfer in die Defensive. Er hat sich nicht getraut, direkt zu sagen, was er eigentlich meinte, also wird er, wenn Sie ihn so ansprechen, auch jetzt nicht den Mut aufbringen. Im Gegenteil: Typischerweise reden sich die meisten dann raus, nach dem Motto: »*Nein, nein, das wollte ich nicht sagen. Da haben Sie mich falsch verstanden ...*« Wenn Sie wollen, können Sie noch – zum krönenden Abschluss – einen Nachsatz anhängen wie: »*Dann ist es ja gut.*«

c) **Vergleich**: Sie setzen auf eine Methode, die Sie möglicherweise noch aus Kindertagen kennen. Sie antworten mit einer »Besser-als«-Konstruktion.

☞ **Beispiel**

Killerphrase: »Mein Gott, Sie sind immer so emotional.«

Konter: »Besser emotional als schlecht vorbereitet.« *(siehe Seite 102)*

Mit der Besser-als-Einleitung leugnen Sie nicht den an Sie gerichteten Vorwurf, Sie machen aber deutlich, dass dies nichts im Vergleich zu dem ist, was Ihr Gegenüber sich geleistet hat.

Fazit

Wenn überhaupt, dann ist diese Technik brauchbar als Schaukampf, um machtvoll Ihre Stärke zu demonstrieren. Und: Ihnen gibt diese Methode das befriedigende Gefühl, eine Killerphrase nicht im Raum stehen gelassen zu haben. Aber Vorsicht: Allzu oft hinterlässt man mit dem Haifisch-Konter verbrannte Erde. Die Beziehung zum Gesprächspartner könnte langfristig Schaden nehmen. Wenn er sein Gesicht verliert, droht früher oder später die Retourkutsche. Das sind die ungerupften Hühner, von denen Friedemann Schulz von Thun spricht, wenn er deutlich macht, wie Störungen auf der emotionalen Ebene sachliche Klärungen fast unmöglich machen *(siehe Seite 10)*.

Also bitte nur in Ausnahmesituationen verwenden, wenn Ihr Gegenüber das als spielerisches Geplänkel aufnehmen kann oder wenn Sie meinen, dass es an der Zeit ist zu demonstrieren, »wo der Frosch die Locken hat«.

Nachdem Sie nun mit den Kontermöglichkeiten vertraut sind, kann's ja losgehen. Im Folgenden finden Sie die typischsten Killerphrasen und die besten Antworten. Los geht's mit den Beharrungs-Killerphrasen.

Die typischsten Killerphrasen und die besten Antworten

Beharrungs-Killerphrasen gekonnt kontern

Schauen Sie sich mal die Liste der folgenden Killerphrasen an. Da dürften Sie mit Sicherheit einige »gute alte Bekannte« treffen, denn diese Sorte von Bemerkungen ist äußerst verbreitet. Die typischsten:

1. Das haben wir schon immer so gemacht.
2. Das haben wir noch nie so gemacht
3. Das würde unseren Prinzipien widersprechen.
4. Bislang sind wir auch ganz gut ohne XY ausgekommen.
5. Die jetzige Lage macht es unmöglich, etwas zu verändern.
6. All die Jahre hat das funktioniert. Und nun soll alles nichts mehr wert sein?
7. Man muss die Traditionen mehr achten.
8. Wir sind noch nicht so weit, etwas zu verändern.
9. Wir brauchen keine neuen Ideen, wir brauchen zuverlässige Mitarbeiter.
10. Sagen Sie, Sie kennen doch die Vorschriften in diesem Haus, oder?
11. Das ist doch allgemein bekannt, dass sich so etwas nicht machen lässt.
12. Wir haben eh schon genug zu tun. Warum jetzt auch noch so was?
13. So neu ist das auch wieder nicht. Das haben wir schon mal gemacht und da ging es auch nicht.
14. Das ist für unser Unternehmen viel zu modern.
15. Vor dreißig Jahren hat schon XY nachgewiesen, dass das nicht klappt.

Sind Sie ratlos, wie Sie auf solche Antworten reagieren sollen? Kein Problem. Auf den folgenden Seiten finden Sie die Antworten.
Damit diese Sätze Sie künftig nicht mehr aus dem Konzept bringen, perplex machen oder die Argumentation behindern, hier nun Kontervorschläge für die aufgeführten Beharrungs-Killerphrasen.

1. Das haben wir schon immer so gemacht.

Der Cool-down-Konter

- *»Das ist kein überzeugendes Argument, es weiter so zu machen. Ich würde vorschlagen, wir sollten nun ...«*

Taktik: Nur kurz wird auf die Killerphrase eingegangen, denn schließlich ist es kein echtes Argument, was wert wäre, noch näher behandelt zu werden. Weiter mit der Tagesordnung ...

Der Benennungs-Konter:

- *»Mein Eindruck ist, dass Sie mit einer pauschalisierenden Äußerung lediglich meinen Vorschlag abwehren wollen.«*

Taktik: Das Wort Killerphrase nett umschrieben ... Gemeint ist dasselbe. Sie gehen hier auf die Metaebene, das heißt, die Art und Weise der Kommunikation wird selbst zum Thema. Dies muss gar nicht emotional angeheizt geschehen. Schließlich ist es auch immer möglich, dass der Gesprächspartner einfach aus Gewohnheit einen solchen Satz hat fallen lassen, ohne wirklich Böses im Schilde zu führen.

Der Rückfrage-Konter

- *»Sie sehen also keine Möglichkeit, sich hier weiter zu entwickeln?«*

Taktik: Eine raffinierte Frage, die impliziert: Etwas Neues nicht zu versuchen bedeutet Stillstand, wenn nicht sogar Rückschritt. Neues wird gleichgesetzt mit Weiterentwicklung. Sollte der Phrasendrescher jetzt erklären, wieso er dagegen ist, würde er sich automatisch als rückschrittlich zeigen.

- *»Warum eigentlich?«*

Taktik: Kurz und knapp nachgefragt, bringt es den Phrasendrescher dazu, sich sachlich bzw. überhaupt mit dem Thema auseinander zu setzen. Sollte er sich in eine weitere Killerphrase flüchten wie: *»Weil es eben nicht funktioniert»*, dann spielen Sie Schallplatte mit Sprung und fragen wieder: *»Ja, und warum nicht?«* Zeigen Sie mit Ihrer Ausdauer, dass Sie dem anderen nicht so leicht auf den Leim gehen. Diese Technik lässt sich übrigens gut bei Kindern abschauen. Die können einem Löcher in den Bauch fragen, wenn ihnen die Antwort der Erwachsenen nicht ausreicht.

Der Humor-Ironie-Konter

- *»Was für eine konstruktive Aussage.«*

Taktik: Ein Scheinlob zeigt, dass Sie nicht gewillt sind, sich von einer solchen Aussage vom Weg abbringen zu lassen.

Der Haifisch-Konter

- *»Dann erklären Sie mir mal, warum wir unsere Fehler stets wiederholen sollen?«*

Taktik: Harter Tobak – hier wird zurückgeschossen. Als Frage getarnter Angriff.

2. Das haben wir noch nie so gemacht.

Der Cool-down-Konter

- *»Dann wird es aber Zeit, endlich etwas Neues zu wagen.«*
- *»Dann ist es gut, dass wir nun endlich damit anfangen.«*
- *»Gerade deshalb kann uns dieser Ansatz mehr bringen als die ausgetretenen Wege, die wir bisher beschritten haben.«*

Taktik: Dreimal Methode »sanftes Umdeuten» *(siehe Seite 20 f.)*: Etwas, was vom Phrasendrescher nachteilig gemeint war, wird positiv dargestellt.

Der Benennungs-Konter

- *»Wir sollten wirklich Killerphrasen wie diese vermeiden – im Interesse des Unternehmens und unseres Erfolgs.«*
- *»Das ist kein sachliches Argument, weshalb wir es jetzt nicht wenigstens versuchen sollten.«*

Taktik: Mit dieser Reaktion verdeutlichen Sie, dass Sie die Killerphrase erkannt haben und diese Form der Diskussion nicht akzeptieren.

Der Rückfrage-Konter

- *»Finden Sie nicht, dass es langsam an der Zeit wäre, etwas Neues auszuprobieren?«*
- *»Warum wollen Sie nicht mal etwas Neues wagen?«*
- *»Gibt es noch weitere Gründe, die dagegen sprechen, es mal so zu machen?«*

Taktik: Mit den Rückfragen überprüfen Sie, was Ihr Gegenüber im Schilde führt. Wollte er/sie wirklich nur die Diskussion abblocken, dann wird nicht viel Inhaltliches kommen auf Ihre Fragen.

Der Humor-Ironie-Konter

- *»Okay – also zurück auf die Bäume!«*
- *»Kompliment für Ihr Festhalten an alten Traditionen. Findet man heutzutage wirklich selten in der modernen Wirtschaft …«*

Taktik: Einmal ein ironisches Zustimmen, das zweite Mal ein Scheinlob, beides zielt in dieselbe Richtung: Sie zeigen mit einer solchen Reaktion, dass Sie die Killerphrase nicht ernst nehmen können.

Der Haifisch-Konter

- *»Meinen Sie, dass Sie mit dieser Haltung wirklich Vorreiter sein können?«*

Taktik: Dies ist eigentlich ein Rückfrage-Konter, aber hier im speziellen Fall doch eher ein deutlicher Angriff, weil man auf die Frage nicht wirklich eine Antwort erwartet.

- *»Mit so einer Einstellung würde man heute noch nicht wissen, dass die Erde keine Scheibe ist.«*

Taktik: Hier geben Sie dem anderen kräftig Kontra: Sie bringen zum Ausdruck, wie sehr Sie derartige Haltungen missbilligen.

3. Das würde unseren Prinzipien widersprechen.

Der Cool-down-Konter

- *»Ich weiß, die Idee ist neu. Aber dafür könnten wir auf diesem Gebiet die ersten sein.«*

Taktik: Mit einer bedingten Zustimmung signalisieren Sie dem anderen, dass Sie seine Vorbehalte verstehen. Aber es gibt eben noch überzeugendere Argumente, die er oder sie sich vielleicht mal anhören sollte …

Der Rückfrage-Konter

- *»Welche Prinzipien meinen Sie genau?«*

Taktik: Aufforderung an das Gegenüber, konkret zu werden.

- *»Wie wäre es mit neuen Prinzipien?«*

Taktik: Perspektivenwechsel – warum eigentlich nicht mal etwas Neues wagen?

Der Humor-Ironie-Konter

- *»Ein weiser chinesischer Philosoph hat mal gesagt: Unverrückbare Prinzipien sind wie Scheuklappen. Man sieht dann sehr wenig von der Wirklichkeit. Ich denke, auch wir dürfen die Wirklichkeit nicht außer Acht lassen.«*

Taktik: Etwas zum Schmunzeln, aber auch zum Nachdenken. Zitate bringen einen Gedanken oft viel besser auf den Punkt, als man ihn selber ausdrücken könnte. Noch dazu gibt es Ihrer Aussage mehr Gewicht, wenn ein »wichtiger« oder bekannter Mensch so etwas geäußert hat.

Der Haifisch-Konter

- *»Sie sind doch sonst nicht so prinzipientreu.«*

Taktik: Direkter Angriff, um der Killerphrase keine Chance zu geben.

4. Bislang sind wir auch ganz gut ohne XY ausgekommen.

Der Cool-down-Konter

- *»Danke für Ihren Beitrag. Wir sollten nun zu dem Punkt … kommen.«*

Taktik: Man geht nicht auf die Killerphrase ein, sondern sofort zur Tagesordnung über.

- *»Da haben Sie Glück gehabt. Aber auf Glück sollten wir nicht länger setzen.«*
- *»Damit es auch künftig gut läuft, müssen wir mit den neuen Entwicklungen Schritt halten.«*
- *»Vielleicht geht es bald noch viel besser.«*

Taktik: Kurze Erklärung/Bemerkung, die sich um Sachlichkeit bemüht. Beste Voraussetzung, um daran anzuschließen.

Der Humor-Ironie-Konter

- *»Okay, dann lassen wir eben alle an uns vorbeiziehen.«*

Taktik: Ironische Zustimmung, die scheinbar gelassen die möglichen Folgen aufzeigt.

- *»Der König ist tot – es lebe der König.«*

Taktik: Ein bekanntes Zitat spart langatmige Erklärungen.

Der Haifisch-Konter

- *»Richtig:* bislang. *Bislang ist aber Geschichte.«*
- *»Hören Sie auf, sich an alten Erfolgen festzuklammern. Bislang ist vorbei. Jetzt ist jetzt!«*

Taktik: Die Killerphrase wortwörtlich nehmen und dann deutlich machen, wie überholt diese Einstellung ist.

- *»Eben! Uns darf aber ein ›ganz gut‹ nicht ausreichen, wenn wir oben mitmischen wollen. Wir müssen besonders gut sein, um Kunden zu gewinnen.«*

Taktik: Je nachdem, wie Sie diese Aussage betonen, ließe sie sich sachlich-ruhig vorgetragen auch als Cool-down-Konter verstehen. Hier, mit einem aggressiven Unterton gesprochen, ist sie als Haifisch-Konter gemeint.

5. Die jetzige Lage macht es unmöglich, etwas zu verändern.

Der Cool-down-Konter

- *»Veränderungen sind die einzige Konstante im Leben.«*
- *»Nur wer sich ändert, bleibt sich treu.«*

Taktik: Eigentlich sind Zitate typische Humor-Ironie-Konter, aber wenn sie ernst gemeint sind und möglichst emotionslos gebracht werden, dann sind sie wohl eher dieser Kategorie zuzuordnen.

- *»Dann verändern wir eben die Lage.«*

Taktik: Inhaltlich zielt diese Aussage in eine ähnliche Richtung, wie die beiden zuvor – diesmal aber mit eigenen Worten und nicht als Zitat.

Der Rückfrage-Konter

- *»Herr Meier, Sie sehen Schwierigkeiten in der jetzigen Situation. Welche meinen Sie dabei?«*

Taktik: Klassische Rückfrage, damit der Phrasendrescher wieder am

Zug ist und sich erklären muss. Sie verschaffen sich eine Pause und können überlegen, wie Sie reagieren, falls weitere Killerphrasen folgen. Ihr Gegenüber wird jetzt Farbe bekennen müssen: eine nur so dahingesagte Floskel oder hat er wirklich überzeugende Argumente in petto?

- *»Was muss passieren, damit sich etwas ändert?«*

Taktik: Mit dieser Form der Rückfrage bringen Sie Ihr Gegenüber dazu, in Ihrem Sinne Ideen zu entwickeln. Statt weiter gegen Sie zu polemisieren, wird er oder sie dazu gebracht, sein Augenmerk darauf zu lenken, wie es doch klappen könnte.

- *»Wann, wenn nicht jetzt?«*

Taktik: Der Ball wird zurückgeworfen, der andere muss sich wieder etwas einfallen lassen.

Mischung aus Rückfrage- und Haifisch-Konter

- *»Muss es denn erst zum Äußersten (zur Krise) kommen, damit wir etwas ändern?«*

Taktik: Zwar als Frage formuliert, aber doch schon als eigener Angriff zu werten.

6. All die Jahre hat das funktioniert. Und nun soll alles nichts mehr wert sein?

Der Cool-down-Konter

- *»So ist es im Leben. Nichts ist von Dauer.«*

Taktik: Wozu sich groß aufregen über Menschen, die die Zeichen der Zeit nicht erkennen? Besser ist es, gelassen und abgeklärt zu antworten, um zu unterstreichen, dass man nicht gewillt ist, sich auf diese Denkweise stärker einzulassen.

- *»Keine Angst. Es kommt lediglich etwas Neues hinzu.«*

Taktik: Beruhigend einwirken auf das Gegenüber und versuchen, ihm die Angst vor Veränderung zu nehmen.

- *»Lassen Sie mich mit dem Publizisten und Politologen Richard Löwenthal antworten: ›Werte kann man nur durch Veränderung bewahren‹.«*

Taktik: Wenn das keinen Eindruck macht! Wozu sich das Hirn zermatern, wenn andere, viel berühmtere Menschen dazu kluge Worte haben verlauten lassen?

Der Humor-Ironie-Konter

- *»Ja, ja, früher war alles besser.«*

Taktik: Altes, abgenutztes Sprichwort. Mit der entsprechenden Betonung wird ganz klar, was Sie von Killerphrasen wie dieser halten.

- *»Was, Aldi hat das auch schon versucht?«*

Taktik: Absichtlicher Hörfehler (»All die« wird zu Aldi), weil man die Sache einfach nur noch von der ironischen Seite sehen kann.

Der Haifisch-Konter

- *»Mir kommen gleich die Tränen.«*

Taktik: Frontalangriff, der die Killerphrase nicht fruchten lässt.

7. Man muss die Traditionen mehr achten.

Der Cool-down-Konter

- *»Das schließt eine Weiterentwicklung nicht aus.«*

Taktik: Zeigen Sie Ihrem Gesprächspartner mit dieser Antwort, dass er keine Angst vor Veränderung haben muss.

Der Humor-Ironie-Konter

- *»Wie sagte schon Francis Picabia: ›Der Kopf ist rund, damit das Denken die Richtung wechseln kann‹.«*

Taktik: Und noch ein Zitat: Wenn's passt, wunderbar. Allerdings sollte man Zitate gezielt einsetzen und sich vor einer Inflation hüten. Das könnte der eigenen Glaubwürdigkeit schaden.

Der Haifisch-Konter

- *»... und in Schönheit sterben ...«*

Taktik: Deutliches Demonstrieren, wie sehr einem eine solche Denkweise gegen den Strich geht.

8. Wir sind noch nicht so weit, etwas zu verändern.

Der Cool-down-Konter

- *»Vorbeugen ist besser ...«*
- *»Wir sollten nicht warten, bis es zu spät ist.«*

Taktik: Bedachter Hinweis auf die Notwendigkeit zu handeln.

Der Rückfrage-Konter

- *»Wie lange brauchen Sie noch dafür?«*

Taktik: Sich nicht abspeisen lassen, sondern den anderen zwingen, konkret zu werden. Diese Taktik hat fast erzieherische Wirkung. Ihr Gegenüber wird es sich beim nächsten Mal gut überlegen, eine Killerphrase in den Raum zu stellen, muss er oder sie doch damit rechnen, dass Nachfragen wie diese kommen.

Mischung aus Rückfrage- und Humor-Ironie-Konter

- *»Wie viel brauchen Sie noch – etwa 20 Zentimeter?«*

Taktik: Eine Rückfrage, die allerdings nicht ernst gemeint ist, um kund zu tun, wie lächerlich man eine solche Aussage findet.

Der Humor-Ironie-Konter

- *»Es ist wie mit 'ner Faltencreme. Die sollte man auch dann nehmen, wenn man noch keine Falten hat. Danach ist es zu spät.«*

Taktik: Anschaulicher Vergleich aus dem täglichen Leben – lässt schmunzeln und ist für jeden verständlich.

Der Haifisch-Konter

- *»Es ist kurz vor 12.«*

Taktik: Kurze Warnung an den anderen, nicht länger mit Spielchen Zeit zu verschwenden.

9. Wir brauchen keine neuen Ideen, wir brauchen zuverlässige Mitarbeiter.

Der Cool-down-Konter

- *»Sie haben ganz Recht: Wir brauchen zuverlässige Mitarbeiter, und die brauchen neue Ideen, um unser Unternehmen ganz weit nach vorn zu bringen.«*

Taktik: Eingeschränkte Zustimmung für einen Teil der Killerphrase, um mit einer richtigstellenden Ergänzung zum Wesentlichen zu kommen.

Der Rückfrage-Konter

- *»Warum haben Sie so große Angst vor Neuerungen?«*

Taktik: Eine Rückfrage der härteren Gangart. Hart deshalb, weil nicht wirklich inhaltlich nachgefragt wird, sondern die Interpretation der Killerphrase (= Angst haben) hier Thema ist.

- *»Wo ist das Problem?«*

Taktik: Keine lange Argumentation – eine kurze Rückfrage, um zu prüfen, wie der andere diese Aussage genau gemeint hat.

- *»Was wollen Sie zum besseren Klima beitragen?«*

Taktik: Mit der Rückfrage wird ein neuer Aspekt gebracht, der wieder zur eigentlichen Diskussion zurückführt.

Der Haifisch-Konter

- *»Sie wollen also damit sagen, dass wir nicht zuverlässig sind?!«*

Taktik: Aufdecken, was hinter der Killerphrase eigentlich steckt und den anderen damit in die Defensive drängen.

10. Sagen Sie, Sie kennen doch die Vorschriften in diesem Haus, oder?

Der Cool-down-Konter

- *»Danke für den Hinweis. Bei meinem Vorschlag kommt es mir vor allem auf …«*

Taktik: Die Provokation überhören, so tun, als wäre es eine ganz normale Bemerkung, und wieder zur Tagesordnung übergehen.

Der Humor-Ironie-Konter

- *»Steht da auch, dass es verboten ist, eigene Ideen zu entwickeln?«*
- *»Welche meinen Sie – §12 Abs. 1, §15 Absatz 5 oder §29 Absatz 8?«*

Taktik: Bewusst naive Rückfrage, um die Absurdität der Killerphrase noch deutlicher zu machen.

Mischung aus Humor-Ironie und Haifisch-Konter

- *»Sie halten sich doch auch nicht immer an die Zehn Gebote, oder?«*

Taktik: Hier wird zurückgefragt, aber der mitschwingende Angriff ist nicht zu überhören.

- *»Regeln sind dazu da, um sie zu brechen. Wussten Sie das nicht?«*

Taktik: Provokative Frage, die zeigen soll, dass man sich von dieser Killerphrase nicht beeindrucken lässt.

Der Haifisch-Konter

- *»Manchmal wundere ich mich, weshalb Sie so wenig Zeit haben. Jetzt wird mir das klar: Sie lernen den Vorschriften-Katalog auswendig.«*
- *»Ach, Sie waren der Kreativling, der sich die ausgedacht hat?!«*
- *»Muss doch ein befriedigendes Erlebnis gewesen sein, die auswendig zu lernen, was?«*

Taktik: Ablenken durch Gegenangriff. Kann befriedigend sein, trägt aber mit Sicherheit nicht zu einem besseren Gesprächsklima bei. Überlegen Sie sich gut, ob bzw. wann Sie zu solchen Maßnahmen greifen.

11. Das ist doch allgemein bekannt, dass sich so etwas nicht machen lässt.

Der Cool-down-Konter

- *»Sie haben insofern Recht, als dass es sich bisher nicht machen ließ. Nun sind die Rahmenbedingungen andere.«*

Taktik: Das Motto dieses Konters: Nur keine Aufregung. Eine Teil-Zustimmung bringt Ihr Gegenüber nicht gleich gegen Sie auf. Und Sie zeigen Größe, indem Sie sich nicht über die Verallgemeinerung aufregen, sondern sachlich bleiben und erst dann richtig stellen.

Der Rückfrage-Konter

- *»Können Sie ›allgemein‹ mal definieren?«*

Taktik: Sich nicht ins Bockshorn jagen, sondern den Sprücheklopfer erst mal erklären lassen.

Der Humor-Ironie-Konter

- *»Auf der Straße oder wo?«*
- *»Allgemein? Allgemein? Muss ich den kennen? Haben Sie vielleicht dessen Telefonnummer? Den rufe ich schnell mal an.«*

Taktik: Den anderen auf die Schippe nehmen – um sich selbst nicht über die Killerphrase zu sehr aufzuregen.

Der Haifisch-Konter

- *»Wenn Hans ins Wasser springt, springen Sie hinterher.«*

Taktik: Auf den Punkt bringen, wie wenig man von einer solchen Einstellung hält.

12. Wir haben eh schon genug zu tun. Warum jetzt auch noch so was?

Der Cool-down-Konter

- *»Sie haben Recht, Sie leisten viel. Aber damit wir weiter so gut bleiben, müssen wir alle noch mehr leisten.«*

Taktik: Eine Zustimmung/ein Lob zur Einleitung, um nicht gleich den anderen gegen sich aufzubringen und auch dessen Einsatz anzuerkennen. Im zweiten Satz machen Sie klar, wie ernst die Lage ist.

Der Rückfrage-Konter

- *»Was würden Sie vorschlagen, um weiterhin erfolgreich zu sein?«*

Taktik: Sie drehen den Spieß um: Statt selber nach Erklärungen zu suchen, wieso etwas künftig gemacht werden muss, fordern Sie den Nörgler auf, seinerseits Vorschläge einzubringen. Das lässt Phrasendrescher meist sehr schnell verstummen.

Der Humor-Ironie-Konter

- *»Tut mir Leid, dass ich Ihnen hier nicht die Annehmlichkeiten eines Sanatoriums bieten kann. Wir müssen etwas leisten, um weiter Erfolg zu haben.«*

Taktik: So machen Sie deutlich, dass Sie nicht bereit sind, von Ihrer Position abzurücken. Die Ironie zeigt, dass Sie die Beschwerden nicht wirklich ernst nehmen.

Der Haifisch-Konter

- *»Das kann ich Ihnen sagen: Damit Sie auch künftig regelmäßig Gehaltszahlungen bekommen …«*

Taktik: Wenn Sie des Jammerns überdrüssig sind, sprechen Sie an, was auf dem Spiel steht.

13. So neu ist das auch wieder nicht. Das haben wir schon mal gemacht und da ging es auch nicht.

Der Cool-down-Konter

- *»Die Idee scheint also wirklich gut zu sein, wenn wir schon wieder darauf zurückkommen.«*

- *»Vielleicht war es der falsche Zeitpunkt.«*

Taktik: Sanftes Umdeuten ist wieder angesagt. Etwas, was als Kritikpunkt gemeint war, interpretieren Sie als Vorteil um.

- *»Es ist wie in der Mode. Es kommt und geht und manchmal setzt es sich durch.«*

Taktik: Gelassenheit demonstrieren. Zeigen Sie, dass eine solche Killerphrase Sie nun wirklich nicht aus der Ruhe bringen kann.

Der Rückfrage-Konter

- *»Frau Petersen, Sie haben Zweifel an dem Erfolg dieser Strategie. Worin liegen die genau?«*

Taktik: Die Gegenseite muss Farbe bekennen. Nörgeln ist einfach. Konkrete Argumente zu nennen, wird schon schwieriger. Das kann für die Sprücheklopferin peinlich werden, wenn sie darauf nichts konkret vorzubringen hat.

- *»Was schlagen Sie vor, wie wir es dieses Mal besser machen könnten?«*

Taktik: Mit dieser Rückfrage gelingt es Ihnen, die Idee nicht einfach untergehen zu lassen und zum anderen Ihr Gegenüber zum Nachdenken anzuregen. Sie haben damit also nicht die Alternative »machen wir oder machen wir nicht« eröffnet, sondern betont: Diese Idee sollte unbedingt umgesetzt werden, es muss nur noch geklärt werden, wie es genau gemacht wird.

14. Das ist für unser Unternehmen viel zu modern.

Der Cool-down-Konter

- *»Ich sehe uns als fortschrittliches Unternehmen. Deshalb kann es so etwas wie ›zu modern‹ gar nicht geben.«*

Taktik: Kurze Richtigstellung, um dann zum Eigentlichen zurückzukehren. Das heißt minimaler Aufwand, um zum Ziel zu kommen.

Der Rückfrage-Konter

- *»Was verstehen Sie unter ›zu modern‹?«*

Taktik: Ball zurückwerfen und den Phrasendrescher erklären lassen.

Der Haifisch-Konter

- *»Wir müssen mit der Zeit gehen. Sonst müssen wir in kurzer Zeit bald gehen. Das sollten Sie mit Ihrer Erfahrung wissen.«*

Taktik: Wortspiel mit verbundener Drohung, die da lautet: Wenn wir nicht am Ball bleiben, dann könnte es das Aus für das Unternehmen bedeuten.

15. Vor dreißig Jahren hat schon XY nachgewiesen, dass das nicht klappt.

Der Cool-down-Konter

- *»Dann ist es an der Zeit, einen neuen Versuch zu wagen. Wie wäre es, wenn wir …«*

Taktik: Demonstration, dass diese Killerphrase keine Macht hat. Sie wird mit einer lapidaren, unaufgeregten Bemerkung abgewehrt und dann kann es gleich weiter gehen mit dem eigentlichen Thema.

Der Rückfrage-Konter

- *»Auf so alte Untersuchungen verlassen Sie sich?«*

Taktik: Dem Phrasendrescher deutlich machen, dass man sich nicht so leicht bluffen lässt.

Der Haifisch-Konter

- *»Was ist denn das für eine Aussage? Vor dreißig Jahren hätte auch noch niemand geglaubt, dass es möglich sein wird, mit Handys zu fotografieren.«*

Taktik: Abwertung der Aussage durch simplen Vergleich.

Übung

Die Gedächtnisforschung hat gezeigt – am meisten bleibt hängen, wenn man selber das Gelesene oder Gehörte auch ausprobiert. Deshalb nun die Aufforderung an Sie: Testen Sie doch mal, was Sie sich aus dem vorangegangenen Kapitel gemerkt haben. Welche Konter fallen Ihnen zu den folgenden drei Beispielen ein. Versuchen Sie, mindestens zwei Reaktionsmöglichkeiten zu finden. Möglicherweise erinnern Sie sich an die von mir vorgeschlagenen Antworten. Oder Sie werden selber kreativ und finden spontan neue Konter. Wie würden Sie nun antworten, wenn man Ihnen folgende Killerphrasen an den Kopf wirft? Los geht's:

1. Das würde unseren Prinzipien widersprechen.

____

____

____

(siehe Seite 36 f.)

2. Das ist doch allgemein bekannt, dass sich so etwas nicht machen lässt.

____

____

____

(siehe Seite 43)

3. So neu ist das auch wieder nicht. Das haben wir schon mal gemacht und da ging es auch nicht.

____

____

____

(siehe Seite 44 f.)

Autoritäts-Killerphrasen gekonnt kontern

Immer wieder gern von Chefs oder Möchtegern-Vorgesetzten benutzt wird diese Form der Killerphrase. Bestimmt haben Sie schon mal die eine oder andere gehört. Die typischsten Beispiele:

1. Was hier wichtig ist, bestimme noch immer ich.
2. Lassen Sie sich das von mir sagen: Das geht so nicht.
3. Damit kann ich mich einfach nicht beschäftigen.
   Ich habe Wichtigeres zu tun.
4. Sie brauchen gar nicht weiter zu reden. Ich mache das sowieso nicht.
5. Kommen Sie erst mal in mein Alter, dann sehen Sie das auch anders.
6. Auch Sie werden noch einsehen, dass es so nicht läuft.
7. Was hier richtig ist, weiß ich am allerbesten.
8. Die Frage kann man so nicht stellen.
9. Darüber brauchen wir gar nicht erst zu reden.
10. Wie oft soll ich es Ihnen noch sagen, dass das nicht läuft?
11. Das ist für uns nicht von Interesse.
12. Das ist aber eine banale Frage.
13. Sie stellen sich das Ganze zu einfach vor, lassen Sie sich das gesagt sein.
14. Das wäre ja noch schöner, wenn ich mich darauf einließe.
15. Das ist eine conditio sine qua non.

Im Folgenden finden Sie Kontermöglichkeiten, um dieser Form von Killerphrasen den Garaus zu machen.

1. Was hier wichtig ist, bestimme noch immer ich.

Der Cool-down-Konter

- *»Richtig, das ist schließlich Ihre Firma. Ich möchte nur zu bedenken geben, dass …«*

Taktik: Mit dem Einlenken soll das Gegenüber beruhigt werden, um dann den Weg für den eigenen Vorschlag zu ebnen.

- *»Dann sollte Ihnen dies hier wichtig sein. Es geht um …«*

Taktik: Sich nicht provozieren lassen, sondern mit kühlem Kopf beim Thema bleiben.

Der Humor-Ironie-Konter

- *»Das ist genau das, was ich hier so mag: Es wird einem alles abgenommen, sogar das Denken.«*
- *»Jawoll. Ganz zu Diensten. Wir warten auf Ihre Anweisungen.«*

Taktik: Sich nicht vom Autoritätsgehabe einschüchtern lassen. Mit ironischer bzw. stark übertriebener Zustimmung können Sie zeigen, wie sehr Sie diese Art der Kommunikation ablehnen, ohne sich selbst wahnsinnig darüber aufzuregen.

- *»Ach was.«*

Taktik: Antwort à la Loriot. Mehr Aufwand ist Ihnen diese Killerphrase eben nicht Wert.

Der Haifisch-Konter

- *»Dann können wir uns ja das Gespräch sparen.«*

Taktik: Trockene Bemerkung mit deutlich resignativem Anteil. Heißt übersetzt: Mach' doch deinen Mist allein.

2. Lassen Sie sich das von mir sagen: Das geht so nicht.

Der Cool-down-Konter

- *»Es wäre sehr nett, wenn Sie mir sagen, wie es geht.«*

Taktik: Dem anderen das Gefühl der Überlegenheit vermitteln, um das Gesprächsklima zu verbessern und dann doch noch zum Ziel zu gelangen.

Der Rückfrage-Konter

- *»Was spricht aus Ihrer Sicht gegen diesen Ansatz?«*

Taktik: Vorsichtiges Abklopfen, welche Argumente der andere zu bieten hat bzw. ob er/sie überhaupt welche hat. Bei Phrasendreschern ist ja eher nicht damit zu rechnen.

- *»Was können wir denn tun, damit es geht?«*

Taktik: Geschickte Rückfrage, die Ihren Gesprächspartner dazu bringt, über Lösungsmöglichkeiten in Ihre Richtung nachzudenken.

Mischung aus Cool-down und Humor-Ironie-Konter

- *»Wie ich Sie kenne, haben Sie sich schon ganz genau überlegt, wie es geht.«*

Taktik: Ein Lob, das ernst gemeint sein kann (möglichst sachlich gesprochen) oder eher ironisch (mit Unterton).

3. Damit kann ich mich einfach nicht beschäftigen. Ich habe Wichtigeres zu tun.

Der Cool-down-Konter

- *»Ich halte dies für sehr wichtig. Und ich möchte Ihnen gern erläutern, warum.«*
- *»Schade. Dabei ist es ...«*

Taktik: Sich nicht vom Weg abbringen lassen. Sie bleiben dabei, Ihren Standpunkt zu vertreten, ohne sich dabei jedoch emotional einzulassen.

Der Humor-Ironie-Konter

- *»Das sehe ich.«*

Taktik: Zustimmung, die nicht ernst gemeint ist, um zu unterstreichen, dass man sich nicht provozieren lässt.

- *»Wer zu spät kommt, den bestraft das Leben.«*

Taktik: Ohne großen Aufwand gekontert. Man muss das Rad schließlich nicht immer neu erfinden.

Der Haifisch-Konter

- *»Ach ja, wie konnte ich das vergessen.«*

Taktik: Den anderen lächerlich machen durch übertriebene Zustimmung.

4. Sie brauchen gar nicht weiter zu reden. Ich mache das sowieso nicht.

Der Rückfrage-Konter

- *»Was befürchten Sie, wenn Sie mir weiter zuhören?«*

Taktik: Den anderen zum Reden bringen, damit das Thema nicht einfach unter den Tisch fällt. Vielleicht ergibt sich doch noch ein

Gespräch, weil der andere bemüht ist, zu widerlegen, dass er irgendwas befürchtet.

Der Humor-Ironie-Konter

- *»Schön, dass Sie so offen gegenüber Argumenten sind.«*

Taktik: Ironie pur – vielleicht geht dem Gesprächspartner ein Licht auf, dass man mit anderen Menschen so nicht umgehen kann.

Der Haifisch-Konter

- *»Warum haben Sie so große Angst vor Neuerungen?«*

Taktik: Eine zugespitzte Form der gerade vorgestellten Rückfrage. Hier wird die Aussage des Phrasendreschers interpretiert. Eigentlich keine gute Art der Kommunikation, aber wie gesagt, manchmal sind die Grenzen der Belastung erreicht ...

5. Kommen Sie erst mal in mein Alter, dann sehen Sie das auch anders.

Der Benennungs-Konter

- *»Ach, wissen Sie, Killerphrasen bringen uns doch auch weiter.«*

Taktik: Das Kind beim Namen genannt als Aufforderung an den Phrasendrescher, wieder zur Sachlichkeit zurückzukehren.

Der Humor-Ironie-Konter

- *»Ich wusste gar nicht, dass Ihr Alter heute Thema ist.«*
- *»Das tut mir Leid, dass Sie so sehr unter Ihrem Alter leiden.«*

Taktik: Sie verstehen bewusst falsch, was der andere Ihnen mitteilen will. Was eigentlich als positiver Wert gemeint war (Alter = Erfahrung), deuten Sie um in Alter = Gebrechlichkeit. Damit macht man sich keine Freunde, aber wenn es Ihnen darum geht, endlich auch mal kontra zu geben ...?

Der Haifisch-Konter

- *»Lieber nicht. Ich sehe ja, wohin das führt.«*
- *»Eins ist sicher: ich werde nie so alt werden, wie Sie heute schon aussehen.«*

Taktik: Die verschärfte Form des eben gezeigten Humor-Ironie-Konters. Mit einer solchen Antwort gehen Sie zum deutlichen Gegenangriff über.

6. Auch Sie werden noch einsehen, dass es so nicht läuft.

Mischung aus Cool-down- und Rückfrage-Konter

- *»Okay – dann helfen Sie mir. Was sollten wir tun, damit es läuft?«*

Taktik: Versöhnliche Geste. Sie gehen nicht auf die vorangeschickte Beleidigung (»*Auch Sie …*«) ein, überhören sie geflissentlich und bohren inhaltlich nach, um doch noch zum Ziel zu gelangen.

Der Humor-Ironie-Konter

- *»Das Gleiche wollte ich Ihnen gerade sagen.«*

Taktik: Fast schon ein Haifisch-Konter – mit einem lachenden Gesicht wird die Schärfe etwas genommen. In jedem Fall haben Sie die Phrase abgewehrt und Sie können die Hoffnung haben, dass Ihr Gegenüber begreift, dass er oder sie so nicht weiter kommt.

Der Haifisch-Konter

- *»Ich fürchte, ich muss erst mal einsehen, dass mitdenkende Mitarbeiter hier nicht unbedingt erwünscht sind.«*
- *»Geben Sie Ihre Ideale immer an der Garderobe ab?«*

Taktik: Oh ja, wer so antwortet, dem geht wahrscheinlich seit geraumer Zeit einiges gegen den Strich. Aber Vorsicht: Wenn Sie auf diese Weise reagieren, müssen Sie unter Umständen mit ernsten Konsequenzen rechnen. Entscheiden Sie selbst, ob Sie sich eine solche Antwort leisten können. Sicher ist es auch davon abhängig, mit wem Sie sprechen.

7. Was hier richtig ist, weiß ich am allerbesten.

Der Rückfrage-Konter

- *»Haben Sie den Eindruck, dass wir Ihr Wissen nicht anerkennen?«*

Taktik: Verständnisvolles Nachhaken, um dem anderen (Vorgesetzte/r?) das Gefühl zu geben, wie wichtig er ist und wie ernst er genommen wird. Das kann besänftigen und eventuell für weitere Vorschläge »gnädig« stimmen.

Mischung aus Rückfrage- und Humor-Ironie-Konter

- *»Schon bei Günther Jauch gemeldet?«*

Taktik: Weil Sie natürlich nicht wirklich wissen wollen, ob sich Ihr Gesprächspartner schon für die Quizsendung angemeldet hat, ist dies eher eine ironische Reaktion, die die angebliche Autorität des Sprücheklopfers in Frage stellt.

Der Humor-Ironie-Konter

- *»Ach, ich könnte Ihnen stundenlang zuhören.«*

Taktik: Sie schmieren mit einer solchen Reaktion Ihrem Gegenüber kräftig Honig um den Bart, um ihn einzulullen oder um ihn zu veräppeln. Das hängt davon ab, wie Sie diese Antwort betonen und mit Mimik und Gestik unterstreichen (Tipp: am besten mal vor dem Spiegel üben).

Der Haifisch-Konter

- *»So wie immer, ja!«*

Taktik: Es wird verbal zurückgeschlagen. Man kennt seine Pappenheimer, ihre Sprüche und kann sie nicht mehr ernst nehmen – genau das kommt mit diesem Konter zum Ausdruck.

8. Die Frage kann man so nicht stellen.

Der Cool-down-Konter

- *»Ich wäre gespannt zu hören, wie Sie die Frage stellen würden.«*

Taktik: Echtes oder geheucheltes Interesse – das würde sich auch an der Mimik offenbaren. Hier in jedem Fall als entspannende Maßnahme gemeint, um im Interesse des Themas weiter am Ball zu bleiben.

Der Rückfrage-Konter

- *»Sondern?«*
- *»Wie kann man denn die Frage stellen?«*

Taktik: Der andere muss erklären, was er genau meint und sich gezwungenermaßen doch mit dem Thema, das er ja eigentlich nicht weiter diskutieren wollte, beschäftigen.

Der Humor-Ironie-Konter

- *»Sie werden es nicht glauben: ich kann!«*

Taktik: Ein humorvoller Konter, der deutlich signalisiert: Die Phrase nehme ich nicht ernst bzw. so leicht lasse ich mich nicht vom Thema abbringen.

- *»Ach, das tut mir so Leid. Ich kann einfach nicht anders. Entschuldigung.«*

Taktik: Übertriebenes Entschuldigen, um auf ironische Art und Weise zu verdeutlichen, wie unpassend eine solche Killerphrase ist.

- *»Vielleicht könnten Sie mir netterweise beibringen, wie man Fragen stellt?«*

Taktik: Ganz ähnlich wie die Antwort zuvor. Hier machen Sie sich klein und »erkennen« die Überlegenheit Ihres Gegenübers »an«, von dem man ja soooviel lernen kann …

9. Darüber brauchen wir gar nicht erst zu reden.

Der Cool-down-Konter

- *»Ich gebe Ihnen Recht. Zunächst mag es merkwürdig klingen, aber…«*

Taktik: Die verständnisvolle Tour. Mit einer zustimmenden Einleitung kann man Gesprächspartner möglicherweise für sich einnehmen, um dann thematisch mit dem fortzufahren, was man eigentlich vorhatte.

Der Rückfrage-Konter

- *»Wieso halten Sie die Idee nicht für diskussionswürdig?«*

Taktik: Die Diskussion nicht sterben lassen und nach konkreten Details fragen.

- *»Das heißt, Sie kennen meinen Ansatz schon?«*

Taktik: Diese Rückfrage zielt in die ähnliche Richtung. Der andere muss Farbe bekennen. Sollte er bzw. sie auf diese Rückfrage nur »ja« antworten, könnte man mit der ersten Rückfrage noch einmal nachsetzen.

Der Humor-Ironie-Konter

- *»Brauchen nicht, können aber schon. Und deshalb Folgendes …«*

Taktik: Ein Spiel mit Wörtern nimmt die Bemerkung auf die leichte Schulter. Kein Grund, sich näher mit der Phrase zu beschäftigen; besser schnell mit dem eigentlichen Thema fortfahren.

Der Haifisch-Konter

- *»Bevor Sie etwas ablehnen, sollten Sie sich erst mal informieren, worum es geht. Sonst kann ich Ihre Kritik nicht ernst nehmen.«*

Taktik: Deutliches Zurechtweisen des Sprücheklopfers. Die Hoffnung, die dahinter steckt: Dem Gesprächspartner ist es peinlich, ein so destruktives Kommunikationsverhalten an den Tag gelegt zu haben, und er hält sich mit Kommentaren erst mal zurück.

10. Wie oft soll ich es Ihnen noch sagen, dass das nicht läuft

Der Benennungs-Konter

- *»So lange, bis wir uns darauf einigen, uns vernünftig zu unterhalten und Killerphrasen wie diese zu unterlassen.«*

Taktik: Mit diesem Konter sagen Sie klar, was Sache ist. Ein deutliches Signal an den anderen, dass man nicht gewillt ist, sich von Scheinargumenten blenden zu lassen.

- *»So lange, bis Sie mich mit einem guten Argument davon überzeugt haben.«*

Taktik: Hier fällt zwar das Wort Killerphrase nicht, aber zwischen den Zeilen wird deutlich, dass man diese Form des Phrasendreschens nicht akzeptiert.

Der Humor-Ironie-Konter

- *»Warten Sie mal, ich zähle mal nach.«*
- *»Hm, irgendwann habe ich das schon mal gehört.«*
- *»Können Sie das noch mal wiederholen. Ich möchte gerne mitschreiben.«*

Taktik: Humor ist, wenn man trotzdem lacht … Möglich, dass Ihr Gesprächspartner über diese Antworten weniger amüsiert ist.

11. Das ist für uns nicht von Interesse.

Der Cool-down-Konter

- *»Ich bin der Überzeugung …«*

Taktik: Die Killerphrase überhören und beim Thema bleiben.

Der Rückfrage-Konter

- *»Wie sollte es denn sein, damit es für uns von Interesse ist?«*
- *»Wofür interessieren Sie sich?«*

Taktik: Der Gesprächspartner muss sich erklären, damit er lernt: Kritisieren oder ablehnen ist leicht, selber konstruktive Vorschläge machen dagegen viel schwerer.

Der Haifisch-Konter

- *»Wenn wir den Anschluss nicht verpassen wollen, sollte es das aber sein.«*

Taktik: Dies ist eine deutliche Warnung, dass man keine Lust auf Plänkeleien hat, sondern das Anliegen zielstrebig verfolgt.

12. Das ist aber eine banale Frage.

Der Cool-down-Konter

- *»Sie wissen doch, es gibt keine banalen Fragen. Deshalb noch mal …«*

Taktik: Nur keine Energie verschwenden. Ohne Aufregung widerlegen Sie die Killerphrase und kommen zurück zu Ihrer Frage.

Der Rückfrage-Konter

- *»Was ist daran banal?«*

Taktik: Lassen Sie Ihr Gegenüber erklären. Sie haben eine Verschnaufpause und für ihn wird's möglicherweise peinlich, weil ihm echte Argumente nicht einfallen.

Der Humor-Ironie-Konter

- *»Oh sorry, dass wir Ihnen auf Ihrem Niveau nicht folgen können.«*
- *»Ich wollte Ihnen die Chance geben, mit einer tollen Antwort zu glänzen. Und, wie lautet sie?«*

Taktik: Ironische Schmeicheleien – im ersten Fall lediglich als Kommentar, im zweiten verbunden mit der Aufforderung, mehr als nur eine hohle Phrase beizusteuern. Mal sehen, was Ihr Gegenüber antwortet. Gar nicht so unwahrscheinlich, dass ihm bzw. ihr die Worte ausgehen.

Der Haifisch-Konter

- *»Ich passe mich eben ganz meiner Umgebung an.«*

Taktik: Mit gleicher Münze zurückzahlen. Wenn Sie es mit kommunikationsfreundlicheren Antworten schon probiert haben, ist dies möglicherweise der letzte Versuch, ganz deutlich dem anderen die Grenzen aufzuzeigen.

13. Sie stellen sich das Ganze zu einfach vor, lassen Sie sich das gesagt sein.

Der Rückfrage-Konter

- *»Sind Lösungen alleine deshalb zum Scheitern verurteilt, weil sie einfach sind?«*
- *»Ist es nicht besser, sich etwas zu einfach vorzustellen, als es vor lauter Bedenken gar nicht erst zu versuchen?«*

Taktik: Statt zu beteuern, dass man sich das Ganze gar nicht leicht vorstellt, hier der weniger aufwendige Weg. Mit einem solchen Konter stellt man grundsätzlich die Haltung des Gegenübers in Frage.

Der Humor-Ironie-Konter

- *»Danke für Ihre Unterstützung.«*

Taktik: Ein Scheinkompliment – manchmal hat man vielleicht jede Hoffnung aufgegeben, dass man mit dem anderen noch irgendwie vernünftig reden kann. Immerhin stehen Sie mit einer solchen Antwort nicht wie ein begossner Pudel da, dem nichts einfällt.

- *»Lassen Sie mich mit Goethe antworten: Wozu in die Ferne schweifen, sieh das Gute liegt so nah…«*

Taktik: Man lässt eine anerkannte Persönlichkeit zu Wort kommen. Das kann entlastend sein. Hier zeigt sich wieder, wie gut es ist, einen gewissen Zitatenschatz parat zu haben.

- *»Danke für das Kompliment. Ich bin wirklich ein positiv denkender Mensch.«*

Taktik: Wenn eine Beleidigung oder Provokation nicht fruchtet, kann das den Störer ganz schön aus dem Konzept bringen.

Der Haifisch-Konter

- *»Ich bin da eben ganz anders als Sie. Ich denke so ungern von hinten durch die Brust ins Auge.«*

Taktik: Wollen Sie es Ihrem Gegenüber so richtig geben? Mit diesem Konter könnte es gelingen.

14. Das wäre ja noch schöner, wenn ich mich darauf einließe.

Der Cool-down-Konter

- *»Geben Sie Ihrem Herzen einen Stoß. Es spricht so viel dafür ...«*

Taktik: Gutes Zureden und dann Anknüpfen an die eigene Argumentation.

Der Rückfrage-Konter

- *»Noch schöner als was?«*

Taktik: Ihr Gesprächspartner ist wieder am Drücker und muss genau sagen, was er bzw. sie meint.

Der Humor-Ironie-Konter

- *»Ja, ganz Ihrer Meinung. Das wäre wirklich sehr schön.«*
- *»Was einschließen? Ja, klar, dann hätten Sie Ihre Ruhe.«*

Taktik: Absichtliches Missverstehen – im ersten Fall inhaltlich, im zweiten akustisch. Das kann für den Sprücheklopfer sehr ärgerlich sein, wenn er hört, dass Sie sich einfach nicht provozieren lassen.

- *»Die Buddhisten sagen ja: Nur die Mutigen werden belohnt.«*

Taktik: Zitate sind Gold wert, um lästige Killerphrasen abzuwehren.

15. Das ist eine conditio sine qua non.[4]

Der Cool-down-Konter

- *»Das ist wichtig, ohne Frage. Nichtsdestotrotz sollten wir ...«*

Taktik: Die bedingte Zustimmung leitet den wesentlichen Gedanken ein.

Der Rückfrage-Konter

- *»Warum ist das unbedingt notwendig?«*
- *»Was bringt Sie zu dieser Auffassung?«*

Taktik: Nachhaken, was Ihr Gegenüber eigentlich gemeint hat. Sie/Er muss sich erklären und wird feststellen, dass es wenig bringt, mit Floskeln um sich zu werfen.

Der Humor-Ironie-Konter

- *»Errare humanum est.«*[5]

Taktik: Unter Beweis stellen, dass man auch dieser Art von Killerphrasen, die gern von Menschen, die ihre angebliche Überlegenheit durch Bildung zum Ausdruck bringen möchten, Paroli bieten kann. Wäre doch gelacht, wenn nicht auch Sie ein lateinisches Zitat parat hätten, was?

Der Haifisch-Konter

- *»Oh, Sie hatten Latein in der Schule. Hätte ich Ihnen gar nicht zugetraut.«*
- *»Es auf Lateinisch zu sagen, macht es auch nicht besser.«*

Taktik: Nicht inhaltlich auf die Aussage eingehen, sondern die Art der Phrase zum Thema machen.

Übung

Und auch jetzt haben Sie wieder die Möglichkeit, den Umgang mit den Killerphrasen zu üben. Welche Konter fallen Ihnen zu den folgenden drei Beispielen ein? Versuchen Sie, mindestens zwei Reaktionsmöglichkeiten für diese Autoritäts-Killerphrasen zu finden. Wie in der ersten Übung gilt auch hier: Sie können entweder die eben vorgestellten Antworten eintragen oder selber neue finden.

1. Sie stellen sich das Ganze zu einfach vor, lassen Sie sich das gesagt sein.

____

____

____

(siehe Seite 57 f.)

2. Auch Sie werden noch einsehen, dass es so nicht läuft.

____

____

____

(siehe Seite 52)

3. Die Frage kann man so nicht stellen.

____

____

____

(siehe Seite 53 f.)

Besserwisser-Killerphrasen gekonnt kontern

Besserwisser müssen hellseherische Fähigkeiten besitzen – denn sie wissen schon im Voraus, wie sich Dinge entwickeln werden, was Erfolg verspricht und was eher nicht. Und aus Ihrem unglaublichen Wissensvorrat machen Sie kein Geheimnis. Sie erzählen jedem in Form von Killerphrasen davon, ganz gleich, ob die anderen es hören wollen oder nicht. Hier die bekanntesten Beispiele:

1. Das siehst du völlig falsch.
2. So, wie Sie die Sache anpacken, wird das nie was.
3. Das wird nicht klappen, beim letzten Mal ging's ja auch in die Hose.
4. Das ist doch alles reine Theorie. In der Praxis sieht alles ganz anders aus.
5. Um das beurteilen zu können, fehlt Ihnen einfach die Erfahrung.
6. Wie doch wohl jeder weiß …
7. Mit Ihrer Idee werden Sie niemanden überzeugen.
8. Also, ganz objektiv betrachtet ist Ihr Plan zum Scheitern verurteilt.
9. Sie können meiner langen Erfahrung vertrauen, das wird nichts.
10. Sie sind zu jung, um die Sache richtig beurteilen zu können.
11. Ich weiß schon, wie das endet.
12. Wie Sie in dem Buch von Professor Dr. Weiß nachlesen können, ist es so, dass …
13. Die Statistik sagt aber etwas ganz anderes.
14. Das wird uns nicht glücken.
15. Dabei kommt am Ende ja doch nichts raus.

Besserwisser-Killerphrasen rauben einem mitunter den letzten Nerv. Sie können aber ab sofort diesen Auswüchsen gelassen entgegen sehen. Denn im Folgenden finden Sie die besten Antworten darauf.

1. Das sehen Sie völlig falsch.

Der Cool-down-Konter

- *»Es gibt unterschiedliche Sichtweisen. Ich meine, …«*
- *»Ach was!«*
- *»Was Sie nicht sagen.«*
- *»Sag bloß.«*

Taktik: Kurze Klarstellung bzw. knappe Antworten, die deutlich machen: Das ist mir so wurscht, was du sagst, ich kümmere mich jetzt weiter um das eigentliche Thema. Wenn Sie erleben wollen, wie man solche knappen Konter in Perfektion darbringt, schauen Sie mal wieder Loriot. Unschlagbar, wenn er sein markantes *»Ach was«* fallen lässt.

Der Rückfrage-Konter

- *»Wie sehen Sie die Sache denn?«*
- *»Wie soll ich denn die Sache sehen?«*

Taktik: Den anderen können Sie mit einer solchen Nachfrage in Bedrängnis bringen. Wenn das geschieht, wird er künftig nicht mehr so leichtfertig mit Killerphrasen hantieren.

Der Humor-Ironie-Konter

- *»Ich kann Sie beruhigen. Mit meinen Augen ist alles in Ordnung. Ich war gerade erst beim Arzt.«*

Taktik: Die Aussage falsch verstehen, um sie nicht ernst nehmen zu müssen. So kann sich die beabsichtigte Wirkung (Gespräch abtöten) nicht einstellen.

2. So, wie Sie die Sache anpacken, wird das nie was.

Der Cool-down-Konter

- *»Ich wäre gespannt, wie Sie die Sache anpacken würden. Geben Sie mir einen Tipp.«*

Taktik: Interesse zeigen für den anderen kann Gesprächsbarrieren aufweichen. Sollte er allerdings nichts zu antworten wissen, würde er damit auf frischer Tat ertappt und sich vermutlich recht kleinlaut »zurückziehen«.

Der Rückfrage-Konter

- *»Was, wenn doch?«*

Taktik: Eine Rückfrage, die recht angrifflustig daherkommt. Mit einem Lächeln auf den Lippen kann man der Sache wieder etwas die Schärfe nehmen.

Der Humor-Ironie-Konter

- *»Danke, Sie verstehen es wirklich, einem Mut zu machen.«*

Taktik: Ein nicht ernst gemeintes Lob, das diese Form der Kommunikation kritisiert.

Mischung aus Benennungs- und Haifisch-Konter

- *»Noch so ’ne Killerphrase, und wir können das Gespräch wirklich vergessen.«*

Taktik: Sie sagen klar, was Sie stört. Und zwar auf recht deutliche Art und Weise, damit keine Zweifel aufkommen, wie sehr Ihnen die Phrasendrescherei gegen den Strich geht.

Der Haifisch-Konter

- *»Und Sie haben wirklich Abitur?«*
- *»Sie haben wieder Ihren geistreichen Tag, was?«*

Taktik: Wenn die gute Laune im Keller ist und Ihr Gesprächspartner eine Phrase nach der anderen drischt, ist irgendwann das Maß voll und dann teilen Sie mal aus.

3. Das wird nicht klappen, beim letzten Mal ging’s ja auch in die Hose.

Der Cool-down-Konter

- *»Gerade weil es beim letzten Mal nicht geklappt hat, wissen wir jetzt ganz genau, wie wir es richtig machen müssen.«*

Taktik: Hier haben wir wieder die Methode sanftes Umdeuten. Ein vermeintlicher Nachteil wird für Sie zum Vorteil.

Der Rückfrage-Konter

- *»Wie können wir es also diesmal anstellen, damit es klappt?«*

Taktik: Mit der Frage die Aufmerksamkeit des Besserwissers in die gewünschte Richtung bringen.

- *»Was halten Sie davon, wenn wir es wenigstens mal ausprobieren?«*

Taktik: Versöhnliche Rückfrage, die an das Gute im Menschen glaubt. Durch eine ernste Miene und Betonung auf das Wort »wenigstens« bekommt die Rückfrage einen schärferen Ton.

Der Humor-Ironie-Konter

- *»Neues Spiel, neues Glück.«*

Taktik: Es auf die leichte Schulter nehmen, um die Bedenken des anderen als übertrieben erscheinen zu lassen.

- *»Ich liebe es, mit Optimisten zusammenzuarbeiten.«*

Taktik: Der Phrasendrescher wird auf den Arm genommen. Manchmal rettet einen nur noch die Ironie, um nicht an den Mitmenschen zu verzweifeln.

- *»Schön, dass Sie so offen sind.«*

Taktik: Ein Lob, das natürlich in Wahrheit keins ist. Alles dient einem Zweck: deutlich zu machen, wie wenig Wert man dieser Killerphrase beimisst.

Der Haifisch-Konter

- *»Mit dieser Einstellung kann man wirklich nichts bewegen!«*

Taktik: Phrasendrescher aufgepasst. Kritik wird – wie hätte es Ex-Bundeskanzler Kohl gesagt – »in aller Offenheit« geübt.

4. Das ist doch alles reine Theorie. In der Praxis sieht alles ganz anders aus.

Der Cool-down-Konter

- *»Sie fragen sich, wie dieser Vorschlag in der Praxis umzusetzen ist. Danke dafür.«*
- *»Danke für Ihre Frage nach den Möglichkeiten, diese Idee umzusetzen.«*

Taktik: Sie überhören, was eigentlich mit der Killerphrase zum Ausdruck gebracht werden sollte, sondern verstehen die Aussage als Interesse an Ihrem Vorschlag. Geschickte Methode, um dann ganz gelassen wieder zum Thema zurückkehren zu können.

Der Rückfrage-Konter

- *»Wer könnte das für uns prüfen?«*

Taktik: Demonstrieren, dass man den anderen ernst nimmt und sich trotzdem nicht von einer einfachen Aussage blenden lässt.

- *»Bin gespannt zu hören, worauf sich Ihre Meinung gründet.«*

Taktik: Im klassischen Sinne keine Frage, aber diese Aussage entsprechend betont, kann als Frage verstanden werden.

- *»Was haben Sie gegen eine gut durchdachte Theorie?«*

Taktik: Ein Detail aus der Phrase herausgreifen und die Rückfrage daraus entwickeln.

- *»Wie denn?«*

Taktik: Genaues Nachfragen kann einen Phrasendrescher ganz schnell entlarven – spätestens dann, wenn er auf eine solche Rückfrage keine gute Antwort findet.

- *»Was spricht denn noch dagegen?«*

Taktik: Entkräften der Bemerkung, indem man nach anderen (triftigeren?) Gründen fragt.

Der Humor-Ironie-Konter

- *»Jede Innovation beginnt mit der Theorie.«*

Taktik: Kurzes Eingehen mit einem weisen Spruch auf die Phrase.

- *»Sie wissen doch: Der Wille kann Berge versetzen.«*

Taktik: Und wenn alles nichts hilft, hilft immer noch ein Zitat.

5. Um das beurteilen zu können, fehlt Ihnen einfach die Erfahrung.

Der Cool-down-Konter

- *»Ich habe vielleicht weniger Erfahrung, dafür aber einen großen Lernwillen. Erzählen Sie doch mal …«*

Taktik: Statt darüber zu streiten, wer mehr Erfahrung besitzt, bzw. die Anmaßung zu kommentieren, zeigen Sie Interesse an dem Wissen des anderen. Das Motto hier lautet mal wieder: kühlen Kopf bewahren.

Der Humor-Ironie-Konter

- *»Von Ihnen kann man so viel lernen.«*

Taktik: Ein Griff in den großen Honigtopf und dem Gegenüber ordentlich davon um den Bart geschmiert. Je nachdem, mit wie viel Ironie Sie Ihren Konter unterlegen, schwankt die Wirkung zwischen geschmeichelt bis veräppelt fühlen.

Der Haifisch-Konter

- *»Ach, wissen Sie, ich habe festgestellt, dass bei so manchen Leuten auch die lange Erfahrung nichts hilft.«*
- *»Ich gebe Ihnen Recht. Es gibt immer wieder Menschen, die dazulernen sollten …«*

Taktik: Den Angriff wieder zurückgeben. Es liegt auf der Hand, wer mit »so manche Leute« oder »Menschen« gemeint ist.

6. Wie doch wohl jeder weiß

Der Benennungs-Konter

- *»Vorsicht vor solchen Verallgemeinerungen.«*

Taktik: Hier ist zwar nicht die Rede von Killerphrasen, aber nichtsdestotrotz wird klar auf den Punkt die Art und Weise der Kommunikation benannt – und verurteilt.

Der Humor-Ironie-Konter

- *»Ich weiß es nicht. Aber Sie werden es mir ja gleich sagen.«*

Taktik: Ganz locker wird die Bedeutung der Killerphrase aufgehoben, indem man keine Scheu hat, das Gegenteil zu behaupten. Offenheit, die entwaffnet.

Der Haifisch-Konter

- *»Vielleicht ist es Ihnen bislang nicht aufgefallen. Aber es gibt durchaus gegensätzliche Meinungen.«*

Taktik: Ein nicht sehr scharfer, aber ein deutlicher Konter, der in Frage stellt, dass der andere sich besser auskennt.

7. Mit Ihrer Idee werden Sie niemanden überzeugen.

Der Cool-down-Konter

- *»Topp, die Wette gilt!«*

Taktik: Sie können sich über die Phrase furchtbar ärgern oder sie einfach an sich abtropfen lassen, indem Sie sie als Herausforderung verstehen. Für den Blutdruck ist bestimmt der zweite Weg der bessere.

Der Humor-Ironie-Konter

- *»Ihre Weitsicht begeistert mich.«*

Taktik: Die Honig-um-den-Bart-Methode. Scheinlob zur Verunsicherung oder Veräppelung.

Der Haifisch-Konter

- *»Mich wundert, dass Sie trotz solch negativen Denkens noch immer diese Position bekleiden.«*

Taktik: Der Haifisch beißt zu. Hier gibt es nichts mehr zu deuteln, wie der Konter zu bewerten ist.

8. Also, ganz objektiv betrachtet ist Ihr Plan zum Scheitern verurteilt.

Der Rückfrage-Konter

- *»Wie sollte er sein, damit er erfolgreich ist?«*

Taktik: Statt sich über das besserwisserische Gehabe aufzuregen, fordern Sie mit dieser Frage Ihr Gegenüber heraus. Soll er bzw. sie doch sagen, wie es besser geht.

Mischung aus Humor-Ironie- und Rückfrage-Konter

- *»Was verstehen Sie in diesem Zusammenhang unter objektiv?«*

Taktik: Mit Betonung auf dem Wörtchen »Sie» bekommt die Antwort eine ironische Note. Ganz sachlich ausgesprochen kann der Konter aber auch als echte Rückfrage verstanden werden.

- *»Dann nehmen wir es ganz subjektiv. Wie sieht es dann aus?«*
- *»Haben Sie eine repräsentative Stichprobe gemacht?«*

Taktik: Zwar als Frage formulierter Konter, aber man erwartet nicht ernsthaft eine Antwort. Vielmehr geht es darum, die Phrase abzuwehren.

Mischung aus Rückfrage- und Haifisch-Konter

- *»Ganz* objektiv*???«*

Taktik: Durch die Betonung wird klar, wie sehr Sie daran zweifeln, dass die Behauptung auch nur einen Funken Objektivität beinhaltet.

Mischung aus Humor-Ironie- und Haifisch-Konter

- *»Und wer sind Sie? Ein Objekt?«*

Taktik: Sie verdeutlichen, dass Sie die Phrasen durchschaut haben, denn was ist schon objektiv?

9. Sie können meiner langen Erfahrung vertrauen, das wird nichts.

Der Rückfrage-Konter

- *»Gut, dann sagen Sie doch einmal mit Ihrem Erfahrungshintergrund, wie es was werden könnte.«*

Taktik: Hier wieder der Appell an den Phrasendrescher, in die andere Richtung zu denken, damit die Diskussion nicht im Sande verläuft.

Der Humor-Ironie-Konter

- *»Von Ihnen kann man soviel lernen.«*

Taktik: Übertriebenes Scheinlob. Je nachdem, wie Sie es betonen, wird es entweder leichte Verwirrung stiften oder beim anderen ganz klar als »Verhohnepipelung« ankommen.

- *»Nichts ist unmöglich – To-yo-taaaa!«*[6]

Taktik: Am besten gesungen macht der Konter klar, dass die Phrase Sie emotional völlig kalt lässt.

Der Haifisch-Konter

- *»Von welcher Erfahrung sprechen Sie?«*
- *»Hoffentlich werde ich nie so verbittert wie Sie.«*

Taktik: Der Haifisch ist hungrig und offensichtlich nicht zu Späßen aufgelegt. Hier wird bezweifelt, dass das Gegenüber über besondere Erfahrung verfügt und – im zweiten Fall – direkt angegriffen.

10. Sie sind zu jung, um die Sache richtig beurteilen zu können.

Der Rückfrage-Konter

- *»Wie alt muss man denn Ihrer Ansicht nach sein, um richtig urteilen zu können?«*

Taktik: Mit dieser Nachfrage unterstreichen Sie die Willkürlichkeit der Aussage. Mit Sicherheit wird sich auf Ihre Rückfrage keine echte Antwort finden lassen. Insofern könnte man diese Frage auch als Haifisch-Konter interpretieren.

Der Humor-Ironie-Konter

- *»Okay, dann probieren wir es morgen noch mal.«*
- *»Wie lange soll ich warten, bis ich mich wieder zu Wort melden darf? Reichen zehn Jahre?«*

Taktik: Sie nehmen die Killerphrase nicht ernst – also bekommt Ihr Gegenüber auch keine ernst zu nehmende Antwort.

Der Haifisch-Konter

- *»Nur kein Neid.«*

Taktik: Unterstellung, dass der andere gern auch in Ihrem Alter wäre und daher nicht gut auf Sie und Ihre Ideen zu sprechen ist. Das wird bei dem anderen die Laune nicht heben. Aber möglicherweise wollen Sie das ja auch gar nicht.

- *»Und Sie zu alt.«*

Taktik: Auf gleicher Ebene zurückgegeben, die Sachlichkeit ist zwar dahin, aber vielleicht haben Sie wenigstens das Gefühl, den Angriff nicht auf sich sitzen gelassen zu haben.

11. Ich weiß schon, wie das endet.

Der Cool-down-Konter

- *»Nehmen wir an, es ist in diesem Fall einfach mal anders.«*

Taktik: Der Killerphrase keine Chance geben – und zwar auf ganz gelassene Art.

- *»Erklären Sie mal.«*

Taktik: Den anderen auffordern, konkret zu werden und sich nicht länger hinter der pauschalisierenden Äußerung zu verstecken.

Der Humor-Ironie-Konter

- *»Karten oder Kristallkugel?«*
- *»Wie gut, dass wir Sie haben.«*
- *»Der Weg ist das Ziel.«*

Taktik: Ihr Gegenüber wird wahrscheinlich über diese Reaktionen nicht lachen können, denn damit demonstrieren Sie, wie wenig Glauben Sie seinen Worten schenken.

12. Wie Sie in dem Buch von Professor Dr. Weiß nachlesen können, ist es so, dass ...

Der Cool-down-Konter

- *»Papier ist geduldig. Lassen Sie uns zu dem Punkt kommen …«*

Taktik: Eine kurze Bemerkung zeigt, dass Sie nicht gewillt sind, in eine solche Debatte einzusteigen. Dazu ist das Thema zu wichtig und sind die eigenen Nerven zu schade.

Der Rückfrage-Konter

- *»Wie ist Ihre persönliche Meinung dazu?«*
- *»Wer ist Professor Dr. Weiß?«*

Taktik: Sie lassen sich durch Namen nicht beeindrucken. Schließlich sind auch die größten Koryphäen nur Menschen, die sich irren können.

Mischung aus Rückfrage und Haifisch-Konter

- *»Sie wissen sicherlich, dass Professor Dr. Weiß sehr umstritten ist?«*

Taktik: Bluff oder echtes Wissen? In jedem Fall ist das Ziel dieser Antwort, das Gegenüber zu verunsichern.

Der Haifisch-Konter

- *»Ich brauche nicht irgendeinen Professor, um einen klaren Gedanken zu fassen.«*

Taktik: Offene Retourkutsche, die die Kompetenz des anderen in Frage stellt.

13. Die Statistik sagt aber etwas ganz anderes.

Der Cool-down-Konter

- *»Lassen Sie uns eigene Wege gehen. Da wäre zum Beispiel die Frage …«*

Taktik: Mit einer Antwort wie dieser finden Sie ohne Aufregung den Übergang zum Thema.

Der Rückfrage-Konter

- *»Möchten Sie wissen, was ich davon halte? Ich meine …«*

Taktik: Mit der Rückfrage lenken Sie das Gespräch in die gewünschte Richtung. Geschickt eingefädelt, denn eigentlich wollte der andere gar nicht wissen, was Ihr Standpunkt ist.

Der Humor-Ironie-Konter

- *»Ich halte es da mit Winston Churchill, der da sagte: ›Ich traue nie einer Statistik, die ich nicht selbst gefälscht habe‹.«*

Taktik: Dieses Zitat ist mittlerweile fast zum Sprichwort geworden, also Allgemeingut. Im Grunde ist auch dies im engsten Sinne eine Killerphrase, aber immerhin eine, die von Churchill stammt. Wenn das nichts ist … Außerdem ist es reine Notwehr.

- *»Was, die kann sprechen? Was sagt sie denn?«*

Taktik: Die Killerphrase bewusst falsch verstehen, um ihr die Speerspitze zu nehmen.

Mischung aus Rückfrage und Haifisch-Konter

- *»Haben Sie es jetzt schon nötig, sich auf sehr umstrittene Statistiken zu stützen?«*

Taktik: Angriff, mit dem an den Fähigkeiten des anderen gezweifelt wird.

14. Das wird uns nicht glücken.

Der Cool-down-Konter

- *»Das müssen Sie mir erklären.«*

Taktik: Eine freundliche Aufforderung, konkret zu werden.

- *»Sie haben Bedenken. Dann lassen Sie uns mal darüber reden, wie wir es trotzdem schaffen können.«*

Taktik: Sich nicht von dem Missmut beeindrucken oder gar anstecken lassen. Hier reagiert man kurz auf die Phrase, nimmt sie aber nicht wirklich ernst. Am besten funktioniert dies in einer Runde von Leuten, wo man das Wort an andere richten kann, die der Idee/dem Gedanken positiver gesonnen gegenüber stehen.

- *»Sie müssen keine Angst haben, wir werden das Kind schon schaukeln.«*

- *»Es gibt Licht am Ende des Tunnels.«*

Taktik: Gutes Zureden, das als solches auch so gemeint ist.

Der Rückfrage-Konter

- *»Was veranlasst Sie zu dieser Vermutung?«*

Taktik: Eine möglichst sachliche Rückfrage, um weiter beim Thema zu bleiben.

Der Humor-Ironie-Konter

- *»Richtig: Auf das Glück zu setzen, halte ich auch für sehr riskant. Ich verlasse mich lieber auf meine Fähigkeiten.«*

Taktik: Ein Wortspiel, um den Phrasendrescher mit den eigenen Waffen zu schlagen.

- *»Abwarten und Tee trinken.«*

Taktik: Bewährtes Sprichwort, das hilfreich ist, um zu demonstrieren, dass einem eine solche Killerphrase nichts anhaben kann.

- *»Danke für das ausführliche Gespräch. Das hat mich enorm weiter gebracht.«*

Taktik: Indirekte Aufforderung an den Phrasendrescher, solch destruktive Beiträge zu lassen.

Der Haifisch-Konter

- *»Ich weiß nicht, was mit Ihnen ist, aber ich habe da vollstes Vertrauen in mich.«*
- *»Mit mir an Ihrer Seite müssen Sie sich keine Sorgen machen.«*

Taktik: Selbstbewusstes, wenn nicht schon überhebliches Aufwerten der eigenen Person und Abwerten des Sprücheklopfers.

15. Dabei kommt am Ende ja doch nichts raus.

Der Cool-down-Konter

- *»Ach, mit ein bisschen Geduld.«*

Taktik: Gutes Zureden, das die Spannung aus dem Gespräch nehmen soll.

Der Benennungs-Konter

- *»Derlei Pauschalisierungen führen zu nichts. Ich würde es sehr begrüßen, wenn Sie konkreter werden, statt sich in Allgemeinheiten zu flüchten.«*

Taktik: Hier wird Tacheles geredet. Auch wenn das Wort Killerphrase nicht fällt, wird hier die Art und Weise der Kommunikation angesprochen und verurteilt. Und zwar auf sehr deutliche Art und Weise. So deutlich, dass es sich hier fast schon um einen Haifisch-Konter handelt.

Der Rückfrage-Konter

- *»Was ist Ihr Beitrag dazu?«*
- *»Was glauben Sie, wie sich die Lage entwickeln wird?«*
- *»Welche Alternative sehen Sie?«*

Taktik: So bringt man den Gesprächspartner dazu, die Hirnzellen anzustrengen, um an einer Lösung mitzuarbeiten bzw. um ihn bzw. sie zur Einsicht zu bringen, dass der gemachte Vorschlag doch nicht der schlechteste ist, weil es z.B. keine besseren Alternativen gibt.

- *»Erklären Sie doch mal, warum dabei am Ende nichts rauskommt?«*

Taktik: Eine Frage, die klären soll, was bzw. ob überhaupt etwas hinter der schwammigen Phrase steckt.

Der Humor-Ironie-Konter

- *»Ich hab's nicht so mit der Hellseherei. Ich konzentriere mich lieber auf die Fakten.«*

Taktik: Erinnert an die Antwort »Karten oder Kristallkugel?« bei Killerphrase Nr. 14. Hier wird die Aussage des Gegenübers ins Lächerliche gezogen, um zu unterstreichen, wie wenig sie beeindruckt.

Mischung aus Humor-Ironie und Haifisch-Konter

- *»Kompliment. Sie haben das komplette Konzept in so kurzer Zeit durchgearbeitet, um dann zu einer so fundierten Meinung zu kommen.«*

Taktik: Scheinlob, um die Banalität der Killerphrase herauszustellen und sie als Scheinargument, das eben ganz und gar nicht durchdacht ist, zu entlarven.

Übung

Sie wissen, was jetzt dran ist? Richtig, es darf wieder geübt werden. Finden Sie mindestens zwei Konter pro Phrase – entweder eigene oder aus dem gerade vorgestellten Kapitel wiederholte.

1. Dabei kommt am Ende ja doch nichts raus.

___

___

___

(siehe Seite 72 f.)

2. Um das beurteilen zu können, fehlt Ihnen einfach die Erfahrung.

___

___

___

(siehe Seite 65 f.)

3. Also, ganz objektiv betrachtet ist Ihr Plan zum Scheitern verurteilt.

___

___

___

(siehe Seite 67 f.)

Bedenkenträger-Killerphrasen gekonnt kontern

Nichts gegen kritische Einwände, Überlegungen, Nachdenken. Aber Benkenträger haben grundsätzlich etwas gegen Neuerungen, Ideen und Vorschläge. Auf den ersten Blick ähneln ihre Phrasen sehr den Besserwisser-Sprüchen. Der Unterschied wird vor allem darin deutlich, *wie* die Killerphrase präsentiert wird. Während die Besserwisser sehr von sich eingenommen sind und aus dem Brustton der Überzeugung sprechen, kommen die Phrasen der Bedenkenträger meist mit verkniffener Miene und einem sehr zögerlichen Ausdruck in der Stimme daher. Ihre Welt besteht aus Zweifeln, Zaudern, Zwiespalt – und daraus machen Sie keinen Hehl, was deutlich zum Ausdruck kommt in Killerphrasen wie folgenden. Typische Beispiele:

1. Was werden denn die anderen sagen?
2. Wie soll denn das gehen?
3. Warum haben es denn andere noch nicht gemacht, wenn Ihre Idee so klasse ist?
4. Das lässt sich zeitlich doch gar nicht machen.
5. Oh nein, dass sollten wir lieber lassen. Wir wollen uns doch nicht die Finger verbrennen …
6. Ich will Ihnen ja keine Angst machen. Aber mit diesen Ideen werden Sie sich bestimmt jede Menge Ärger einhandeln.
7. Das sieht auf den ersten Blick ganz gut aus, aber bei näherer Betrachtung wird das wohl kaum gut gehen.
8. Ich finde Ihre Idee ja nicht schlecht, aber der Chef wird bestimmt etwas dagegen haben.
9. Haben Sie schon mal darüber nachgedacht, was das für Folgen haben kann?
10. Man wird uns für verrückt halten.
11. Das ist doch organisatorisch gar nicht zu bewältigen.
12. Ich glaube nicht, dass die anderen da mitspielen werden.
13. Darüber gibt es doch gar keine gesicherten Angaben.
14. In Frankreich mag das funktionieren, aber nicht bei uns.
15. Das haben schon ganz andere Leute versucht und nicht geschafft.

So manche Idee verläuft im Sande, weil Bedenkenträger ganze Arbeit geleistet haben und jeden auch noch so interessanten Ansatz mit Killerphrasen im Keim erstickt haben. Damit sollte Schluss sein. Wie? Das lesen Sie auf den folgenden Seiten.

1. Was werden denn die anderen sagen?

Der Cool-down-Konter

- *»Fragen Sie sie.«*

Taktik: Statt sich von der Killerphrase abschrecken zu lassen, in Spekulationen zu verfallen und damit völlig vom Thema abzukommen, ziehen Sie sich den Schuh gar nicht erst an, sondern geben das angebliche Problem (mit einem entspannten Gesichtsausdruck) wieder an Ihr Gegenüber zurück und setzen die Diskussion fort.

- *»Ich lebe nicht für andere. Deshalb sollten wir jetzt fortfahren mit…«*

Taktik: Kurze Richtig- bzw. Klarstellung, die aber so ruhig wie möglich ausgesprochen wird. Je weniger Emotionen, desto einfacher lässt es sich zur Sachebene zurückkehren.

Der Rückfrage-Konter

- *»Was glauben Sie?«*

Taktik: Indem man den Bedenkenträger auffordert, die eventuellen Einwände vorzubringen, hat man sich selber eine Atempause verschafft und den anderen in »Beweisnot« gebracht. Sollten ihm doch Punkte gegen die Idee einfallen, können Sie noch immer mit einer weiteren Frage nachlegen:

- *»Mit welchen Argumenten werden wir die anderen überzeugen?«*

Taktik: Hier spannen Sie Ihr Gegenüber für Ihre Zwecke ein. Sie überlegen jetzt gemeinsam, wie man Überzeugungsarbeit leisten kann.

- *»Für wie wichtig halten Sie das?«*

Taktik: Den anderen ernst nehmen und ihn bzw. sie dazu bringen, näher die Killerphrase zu erläutern. Meist kommt nach so einer Nachfrage nichts weiter als heiße Luft – auch gut, dann können Sie sich wieder dem eigentlichen Thema widmen.

Der Haifisch-Konter

- *»Wenn das Ihre größte Sorge ist …«*
- *»Das kann ich Ihnen sagen. Die werden denken: Endlich einer, der was tut.«*

Taktik: Sind Sie genervt von der ewigen Phrasendrescherei? Dann bringen Sie das mit diesen Reaktionen deutlich zum Ausdruck.

- *»Nun denken Sie doch nicht so fremdbestimmt.«*

Taktik: Unverhohlene Kritik – auf nicht gerade charmante Art dem anderen nahegebracht. Wenn Ihnen nicht mehr nach versöhnlichem Austausch ist …

2. Wie soll denn das gehen?

Der Cool-down-Konter

- *»Das erkläre ich Ihnen gern. Wie viel Zeit haben Sie?«*

Taktik: Die Killerphrase nicht als Provokation nehmen, sondern als interessierte Nachfrage. Und schon können Sie weitermachen.

Mischung aus Cool-down- und Humor-Ironie-Konter

- *»Schön, dass Sie nachfragen. Ich erkläre es Ihnen gerne.«*

Taktik: Wenn Sie die Antwort ganz sachlich aussprechen, könnte man den Konter wirklich als freundliche Reaktion auffassen. Kommt ein ironischer Unterton hinzu, dann gewinnt die Antwort eindeutig an Schärfe.

Der Rückfrage-Konter

- *»Warum sind Sie so unsicher?«*

Taktik: Möglichst ohne Betonung gesprochen kann dies eine echte Nachfrage sein; heben Sie aber beispielsweise das »so« hervor, könnte die Nachfrage auch als ironische Bemerkung verstanden werden.

Der Haifisch-Konter

- *»Na, bestimmt nicht mit einer so negativen Einstellung, wie Sie sie haben.«*

Taktik: Sie konfrontieren Ihr Gegenüber knallhart mit Ihrer Ablehnung. Das wird der Bedenkenträger nicht gerne hören. Aber manchmal kann ein kleiner Schock wenigstens dazu beitragen, dass

Sprücheklopfer sich nicht trauen, weiter eine Diskussion zu torpedieren.

3. Warum haben es denn andere noch nicht gemacht, wenn Ihre Idee so klasse ist?

Der Cool-down-Konter

- *»Gerade weil die Idee so klasse ist, kommt nicht jeder drauf.«*

Taktik: Klassisches Umdeuten. Das was der Phrasendrescher zum Ausdruck bringt (schlechte Idee, weil es andere noch nicht gemacht haben) wird von Ihnen als Beweis für die besondere Güte Ihres Gedankens herangezogen (»gerade weil ...«)

- *»Weil wir besser sind als die anderen.«*
- *»Weil Mut dazu gehört. Und den haben wird doch, was?«*

Taktik: Selbstbewusstsein demonstrieren. Wer wird schon eingestehen, schlechter als die Konkurrenz zu sein oder keinen Mut zu haben?

- *»Das sollten Sie die anderen fragen. Wir sollten nun ...«*

Taktik: Kurzes Eingehen mit anschließendem Überleiten zum Thema.

Der Rückfrage-Konter

- *»Trauen Sie den anderen mehr als uns zu?«*

Taktik: Eine Frage, die einen Vorwurf beinhaltet, den der oder die andere eigentlich nicht auf sich sitzen lassen kann.

Der Haifisch-Konter

- *»Weil denen so wie Ihnen der Mut fehlt.«*

Taktik: Deutliche Worte, mit denen zum Gegenangriff geblasen wird.

- *»Ich mache, was ich will.«*

Taktik: Mit dieser Reaktion wird deutlich, dass eine solche Killerphrase Sie ganz und gar nicht aufhalten kann.

4. Das lässt sich zeitlich doch gar nicht machen.

Der Cool-down-Konter

- *»Alles eine Frage der Organisation.«*
- *»Wenn's nur an der Zeit liegt …«*

Taktik: Demonstrative Gelassenheit. Kein Grund zur Aufregung und erst recht kein Grund, die Idee zu verwerfen.

Der Rückfrage-Konter

- *»Was meinen Sie, wie viel Zeit denn dann nötig wäre, damit wir es schaffen?«*
- *»Wenn die Zeit da wäre, fänden Sie die Idee interessant?«*

Taktik: Das Gegenüber wird einbezogen und damit automatisch dazu gebracht, die Umsetzung doch noch für möglich zu halten.

Der Haifisch-Konter

- *»Ich sehe schon, Sie sollten dringend an einem Zeitmanagement-Seminar teilnehmen.«*

Taktik: Sich nicht mit Problemen beschäftigen, die man selber gar nicht hat. Deshalb der Tipp an den Gesprächspartner, wie er sein Problem lösen kann.

5. Oh nein, dass sollten wir lieber lassen. Wir wollen uns doch nicht die Finger verbrennen …

Der Cool-down-Konter

- *»Wer kämpft, kann verlieren. Wer nicht kämpft, hat schon verloren. Lassen Sie uns nicht länger warten …«*

Taktik: Ein Zitat, das ganz ernst gemeint ist. Deshalb steht es hier auch als Cool-down- und nicht als Humor-Ironie-Konter.

- *»Klar, Sie haben Recht, ein wenig Mut gehört schon dazu.«*

Taktik: Raffinierte Methode: Zustimmung zu etwas, was das Gegenüber so nicht direkt gesagt hat. Hier wird wieder sanft umgedeutet, um zum eigentlichen Ziel zu kommen.

Der Rückfrage-Konter

- *»Was können wir tun, um die Sache sicherer zu machen?«*

Taktik: Bewährte Methode – den Sprücheklopfer in die eigenen Überlegungen einbinden.

Der Haifisch-Konter

- *»Entschuldigung, haben Sie das Leiden schon länger?«*

Taktik: Offener Angriff. Hier wird nicht verborgen, wie sehr man den Phrasendrescher und sein Zaudern ablehnt.

6. Ich will Ihnen ja keine Angst machen. Aber mit diesen Ideen werden Sie sich bestimmt jede Menge Ärger einhandeln.

Der Cool-down-Konter

- *»Für eine gute Idee, die unserem Unternehmen etwas bringt, nehme ich eine Menge in Kauf. Also lassen Sie uns weiter über die Ideen reden.«*

Taktik: Mit dieser Reaktion zeigen Sie Ihre ganze Gelassenheit und auch, wie wichtig Ihnen das Thema ist – vorausgesetzt, Sie tragen die Sätze entsprechend ruhig vor.

Der Rückfrage-Konter

- *»Was beunruhigt Sie?«*

Taktik: Nachfrage, um die schwammigen Andeutungen zu konkretisieren.

Der Humor-Ironie-Konter

- *»Ich danke Ihnen, dass Sie sich so große Sorgen um mich machen.«*

Taktik: Könnte fast auch als Cool-down-Konter durchgehen, wenn man sehr ernsthaft reagiert. In diesem Zusammenhang ist es aber eher als ironische Bemerkung zu verstehen.

Der Haifisch-Konter

- *»Lassen Sie das mal meine Sorge sein.«*

Taktik: Klare Ansage – der Sprücheklopfer soll sich nicht Ihren Kopf zerbrechen. Und das teilen Sie ihm/ihr mit einem solchen Konter unmissverständlich mit.

7. Das sieht auf den ersten Blick ganz gut aus, aber bei näherer Betrachtung wird das wohl kaum gut gehen.

Der Cool-down-Konter

- *»Mit dieser Lösung können wir der Konkurrenz einen großen Schritt voraus sein. Ich möchte deshalb fortfahren.«*

Taktik: Sie geben eine kurze Antwort ohne emotionales Hineinsteigern und leiten wieder über zum Thema.

- *»Frisch, fröhlich, frei daran.«*

Taktik: Frisch, fröhlich, frei und ohne Aggression zum Weitermachen auffordern.

Der Benennungs-Konter

- *»Können wir uns darauf verständigen, ernsthaft zu diskutieren und möglichst auf Killerphrasen zu verzichten?«*

Taktik: Aufforderung, wieder zur Sachebene zurückzukehren.

Der Rückfrage-Konter

- *»Warum so mutlos?«*

Taktik: Den anderen zum Reden bringen, damit man daran anknüpfen kann, um zum Thema zurückzuführen.

Der Haifisch-Konter

- *»Sie sind auch so ein Kandidat, bei dem das Glas immer halbleer statt halbvoll ist, was?«*

Taktik: Dem Gesprächspartner zeigen, dass es wenig bringt und Ihnen ziemlich auf die Nerven geht, wenn er oder sie sich immer selbst im Weg steht – und damit zwangsläufig auch andere behindert.

8. Ich finde Ihre Idee ja nicht schlecht, aber der Chef wird bestimmt etwas dagegen haben.

Der Cool-down-Konter

- *»Dann sind wir schon zwei. Lassen Sie uns ihn überzeugen!«*

Taktik: Sie konzentrieren sich auf den positiven Aspekt der Killerphrase (»nicht schlecht«), um dann mit dem anderen gemeinsam zu überlegen, wie mögliche Bedenken auszuräumen sind.

Der Rückfrage-Konter

- *»Was meinen Sie, wird der Chef dagegen haben?«*

Oder noch besser:

- *»Wie können wir den Chef überzeugen?«*

Taktik: Der Unterschied zwischen den beiden Fragen: Während Sie nach der ersten damit rechnen müssen, dass es zu einer Sammlung von Punkten kommen kann, die gegen Ihre Idee sprechen, ist die zweite Rückfrage geschickter. Sie binden Ihr Gegenüber ein und suchen gemeinsam nach Argumenten. Sollte sich der andere aus seiner Negativhaltung nicht lösen und auf Ihre Frage mit einem lapidaren »*gar nicht*» antworten, dann bleibt wahrscheinlich am Ende wirklich nur die als Humor-Ironie-Technik vorgestellte lakonische Antwort. (s. u.)

- *»Wenn der Chef mitmacht, sind Sie dafür?«*

Taktik: Ihr Gegenüber muss Farbe bekennen und kann die Verantwortung nicht mehr auf den Vorgesetzten abwälzen.

Der Humor-Ironie-Konter

- *»Danke für Ihre Unterstützung.«*

Taktik: Sie haben mehr von Ihrem Gegenüber erwartet? Indirekt drücken Sie es mit dieser Bemerkung aus.

Mischung aus Benennungs- und Haifisch-Konter

- *»Diese ewige Bedenkenträgerei ärgert mich wirklich. Es bringt mehr, wenn wir intensiv über die Sache nachdenken, als ständig Scheinargumente zu überlegen, die angeblich dagegen sprechen.«*

Taktik: Bedenkenträger, Scheinargumente – sehr deutlich wird die Phrasendrescherei benannt und verurteilt.

Der Haifisch-Konter

- *»Haben Sie etwa Angst vorm Chef?«*

Taktik: Eigentlich eine Rückfrage, aber in diesem Zusammenhang als Methode eingesetzt, um den anderen in die Defensive zu drängen.

9. Haben Sie schon mal darüber nachgedacht, was das für Folgen haben kann?

Der Cool-down-Konter

- *»Gut, dass Sie das ansprechen. Diese Idee wird uns weit nach vorne bringen, denn …«*

Taktik: Hier wird bewusst oder unbewusst die zwischen den Zeilen mitschwingende Bedeutung überhört, um gleich mit dem ursprünglichen Gedanken fortfahren zu können.

- *»Genau darüber will ich mit Ihnen reden.«*

Taktik: Den anderen ernst nehmen, sich jedoch nicht von dem Negativdenken anstecken lassen, sondern konstruktiv nach vorne schauen.

Der Rückfrage-Konter

- *»Selbstverständlich. Wo ist das Problem?«*

Taktik: Killerphrase mit einer Rückfrage abgewehrt. Das Gegenüber muss sich erklären.

Der Humor-Ironie-Konter

- *»Ich und nachdenken – wie soll denn das gehen?«*

Taktik: Sich selbst auf die Schippe nehmen und damit den Gedanken zuspitzen, der zwischen den Zeilen der Killerphrase mitschwingt.

- *»Ich denke Tag und Nacht an nichts anderes.«*

Taktik: Die Killerphrase »weiterentwickeln« und mit der Übertreibung die Absurdität unterstreichen.

Mischung aus Rückfrage- und Haifisch-Konter

- *»Haben Sie schon mal drüber nachgedacht, was für Folgen es haben kann, wenn wir es nicht tun?«*

Taktik: Sie drehen den Spieß einfach um. So muss man sich nicht lange inhaltlich mit der Killerphrase aufhalten. In einem barschen Ton gesprochen würde man diese Antwort wahrscheinlich dem Haifischphrasen-Konter zuordnen, eher freundlich-sachlich ausgedrückt kann sie auch als Rückfrage-Konter verstanden werden.

10. Man wird uns für verrückt halten.

Der Rückfrage-Konter

- *»Was ist denn schon normal?«*

Taktik: Appell an den Gesprächspartner, die Aussage noch mal zu überdenken.

Mischung aus Rückfrage- und Humor-Ironie-Konter

- *»Sind wir nicht alle ein wenig Bluna?«*[7]

Taktik: Mit unterstützender Gestik den Inhalt der Phrase übertreiben, um die Lächerlichkeit hervorzuheben.

Der Humor-Ironie-Konter

- *»Für verrückt gehalten wurde Galileo Galilei auch, als er sagte, dass die Erde sich um die Sonne dreht.«*

Taktik: Eine Mini-Anekdote als Beweis dafür, dass die Killerphrase kein echtes Argument ist.

- *»Oh ja, das ist natürlich ein guter Grund, weshalb man eine Idee gar nicht verfolgen sollte. Sie haben ja so recht.«*

Taktik: Ironisierte Zustimmung, um zu unterstreichen, wie wenig stichhaltig die Killerphrase ist.

11. Das ist doch organisatorisch gar nicht zu bewältigen.

Der Cool-down-Konter

- *»Sie sollten sich und Ihre Fähigkeiten nicht unterschätzen.«*

Taktik: Ein in ein Lob eingewickelter Konter – wenn er glaubwürdig rüberkommt, haben Sie gute Chancen, Ihren Gesprächspartner auf Ihre Seite zu ziehen.

- *»Ich weiß, zunächst klingt die Sache verrückt. Aber nehmen Sie sich ein bisschen Zeit und beschäftigen Sie sich näher mit dem Gedanken.«*

Taktik: Zunächst eine Teilzustimmung bzw. Verständnis für die ablehnende Haltung. Aber man lässt sich davon nicht mitreißen, sondern sucht nach einer Möglichkeit, wieder zum eigentlichen Punkt zurückzukehren.

Der Rückfrage-Konter

- *»Was muss Ihrer Ansicht nach getan werden, damit es organisatorisch zu bewältigen ist?«*
- *»Wie dann?«*

Taktik: Die bewährte Methode – Aufforderung an das Gegenüber, konstruktiv mitzudenken.

Der Humor-Ironie-Konter

- *»Man soll nie nie sagen.«*

Taktik: Mit einer Spruchweisheit lässt sich ohne große Kraftanstrengung auf humorvolle Art und Weise einer Killerphrase wie dieser begegnen.

Der Haifisch-Konter

- *»Sie kennen mich offensichtlich nicht.«*

Taktik: Trockene Antwort mit strenger Miene zeigt, dass man nicht mit dem anderen in einen Topf geworfen werden möchte.

- *»Auch Sie werden irgendwann verstehen, wie gut diese Idee ist.«*

Taktik: Wenn dieser Konter mal nicht selber eine Killerphrase ist ... Wahrscheinlich ist Killerphrasitis ansteckend. Eifrige Sprücheklopfer müssen eben damit rechnen, selbst mit einem Totschlagargument konfrontiert zu werden, wenn sie es zu arg treiben.

12. Ich glaube nicht, dass die anderen da mitspielen werden.

Der Cool-down-Konter

- *»Gut, dann fragen wir die doch erst mal.«*

Taktik: Gelassen und freundlich dem Gegenüber den Wind aus den Segeln nehmen.

Der Rückfrage-Konter

- *»Okay, was schlagen Sie vor, damit die Mitarbeiter mitspielen?«*

Taktik: Mit dieser Antwort können Sie den Sprücheklopfer wieder ins Boot holen. Sie geben die Richtung vor, in die er denken soll.

- *»Wenn die Mitarbeiter mitspielen, sind Sie auch einverstanden?«*

Taktik: Raffinierte Rückfrage, um auszuloten, ob die Mitarbeiter nur ein Vorwand waren. Um nicht das Gesicht zu verlieren, muss Ihr Gegenüber eigentlich mit *»ja«* antworten.

- *»Wie kommen Sie darauf?«*

Taktik: Erkunden, ob etwas – und wenn ja was – hinter der Phrase steckt.

- *»Was halten Sie davon, wenn wir die anderen zunächst einmal fragen, bevor wir vorschnell urteilen?«*

Taktik: Die Killerphrase in Frage stellen (vergleichbar mir dem Cool-down-Konter).

Der Humor-Ironie-Konter

- *»Kein Wunder, die waren alle nicht auf der Musikschule.«*

Taktik: Tätä-tätä-tätä! Kontern wie im Karneval – manchmal bleibt einem nur der Humor.

- *»Ach, das sitzen wir auch noch aus.«*

Taktik: Wie gesagt, man kann einfach nicht alles ernst nehmen, und das kommt mit diesem Konter deutlich zum Ausdruck.

Der Haifisch-Konter

- *»Tut mir Leid. Im Gegensatz zu Ihnen sehe ich das Ganze nicht als Spiel. Ich nehme die Angelegenheit sehr ernst.«*

Taktik: Schluss mit lustig. Sie haben keine Lust auf blöde Sprüche – und das machen Sie mit einem solchen Konter ganz klar.

13. Darüber gibt es doch gar keine gesicherten Angaben.

Der Cool-down-Konter

- *»Dann werden wir sie erstellen.«*

Taktik: Probleme sind dazu da, aus der Welt geschafft zu werden – eine Möglichkeit, diese Einstellung zu demonstrieren.

- *»Vertrauen Sie auf meine Erfahrung.«*

Taktik: Vertrauenserweckende Maßnahme, allerdings nur, wenn dieser Satz nicht drohend ausgesprochen wird.

Der Rückfrage-Konter

- *»Welche Angaben brauchen Sie denn, um der Idee zustimmen zu können?«*

Taktik: Sie lassen sich nicht einfach mit einer pauschalen Aussage abspeisen, sondern fordern konkrete Details, die Ihr Gegenüber ganz schön ins Schleudern bringen können.

- *»Was ist schon sicher?«*

Taktik: Eine Rückfrage, die natürlich eine kleine Provokation beinhaltet.

Der Humor-Ironie-Konter

- *»Nur wer wagt, gewinnt.«*

Taktik: Wie gut, dass es fast für jede Lebenslage Sprichwörter gibt, auch wenn die nicht unbedingt gehaltvoller sind als die Killerphrasen selbst.

14. In Frankreich mag das funktionieren, aber nicht bei uns.

Der Cool-down-Konter

- *»Das sollten wir nicht auf uns sitzen lassen.«*

Taktik: Entspannt der Killerphrase begegnen und den Bedenkenträger bei der »Ehre« packen.

Der Benennungs-Konter

- *»Mit Killerphrasen wie dieser kann man sofort jede Form von Diskussion abtöten.«*

Taktik: Sie sagen, was Sache ist und stellen unter Beweis, dass derlei Sprüche Sie nicht aus der Bahn werfen.

Der Rückfrage-Konter

- *»Was ist Ihrer Ansicht nach in Frankreich anders, sodass es da funktioniert?«*
- *»Was müsste sich bei uns ändern, damit es auch hier funktioniert?«*

Taktik: Aufforderung an den Gesprächspartner, Farbe zu bekennen und konkret zu werden.

- *»Wollen Sie damit sagen, dass die Franzosen innovativer sind?«*

Taktik: Kleine Provokation mit dem Ziel, die Wettbewerbslust anzustacheln.

Der Humor-Ironie-Konter

- *»Frankreich, Deutschland – ist doch alles ›Old Europe‹.«*

Taktik: Angebliche Unterschiede nicht akzeptieren – zur Not hilft dann auch mal ein Zitat von Uncle Rumsfeld.

15. Das haben schon ganz andere Leute versucht und nicht geschafft.

Der Cool-down-Konter

- *»Da werden wir es eben ganz anders machen als die ganzen anderen.«*
- *»Dann ist es doch eine echte Herausforderung, es allen mal zu zeigen.«*
- *»Das beweist doch nur, dass die anderen Leute nicht so gut gewesen sein können.«*

Taktik: Wortspielereien, mit denen man selbstbewusst zum Ausdruck bringen kann, dass Killerphrasen nichts anderes als Scheinargumente sind.

Der Rückfrage-Konter

- *»Was können wir denn besser machen, damit es bei uns klappt?«*

Taktik: Nicht abspeisen lassen, sondern den anderen zum Mitdenken auffordern.

Der Haifisch-Konter

- *»Irgendwann kommt einer, der es schafft. Ich weiß auch schon, wer das ist.«*

Taktik: Angriffslustiges Selbstbewusstsein demonstrieren, um die Gegenseite einzuschüchtern.

Übung

Übung macht den Meister und wohl auch die Meisterin – deshalb sollten Sie nichts unversucht lassen, um Killerphrasen den Garaus zu machen. Am besten fangen Sie gleich damit an. Hier sind wieder drei Beispiele aus dem vorherigen Kapitel. Finden Sie mindestens zwei Kontermöglichkeiten.

1. **Das haben schon ganz andere Leute versucht und nicht geschafft.**

(siehe Seite 88)

2. **Ich finde Ihre Idee ja nicht schlecht, aber der Chef wird bestimmt etwas dagegen haben.**

(siehe Seite 81 f.)

3. **Was werden denn die anderen sagen?**

(siehe Seite 76 f.)

Vertagungs-Killerphrasen gekonnt kontern

Abwälzen von Verantwortung, Hinauszögern von Entscheidungen, Angst davor, Position zu beziehen. All das charakterisiert den Vertagungs-Phrasendrescher. Folgende Aussagen sind typisch für ihn:

1. Das sollten wir noch einmal überdenken.
2. Darüber muss mal eine Nacht geschlafen werden.
3. Kommt Zeit, kommt Rat.
4. Ohne jetzt die Diskussion abwürgen zu wollen, …
5. Ich habe das Gefühl, dass die Zeit dafür noch nicht reif ist.
6. Wir sollten auf jeden Fall nichts überstürzen.
7. Ach, wissen Sie, damit sollten wir noch eine Weile warten.
8. Darüber reden wir ein anderes Mal.
9. Das ist das Thema einer anderen Sitzung.
10. Dafür ist jetzt keine Zeit.
11. Die Zeit ist zu knapp, um ewig herumzupalavern.
12. Das ist nicht unsere Aufgabe.
13. Wir werden bei Gelegenheit darauf zurückkommen.

Morgen, morgen, nur nicht heute, sagt diese Phrasendrescher-Meute. Lassen Sie sich nicht mehr mithilfe von Killerphrasen auf den Sankt-Nimmerleins-Tag vertrösten. Gehen Sie nicht in die Vertagungsfalle. Erkennen Sie diese Sorte von Killerphrasen und kontern Sie wie in folgenden Beispielen:

1. Das sollten wir noch einmal überdenken.

Der Cool-down-Konter

- *»Ja, lassen Sie uns sofort damit anfangen.«*

Taktik: Mit dieser Antwort, freudig verkündet, lassen Sie es nicht zu, dass etwas auf die lange Bank geschoben wird. Sie nehmen die Bedenken des anderen offensichtlich ernst und bieten ihm sogar noch an, über mögliche Schwierigkeiten gemeinsam nachzudenken. Wie nett von Ihnen …

Mischung aus Benennungs- und Humor-Ironie-Konter

- *»Gute Killerphrase, haben Sie noch eine?«*

Taktik: Hier wird auf den Punkt gebracht, was stört – das Ganze aber auf ironische Art und Weise.

Der Rückfrage-Konter

- *»Woran genau stoßen Sie sich?«*

Taktik: Ihr Gegenüber ist gefordert, genauer zu erklären, was er einzuwenden hat.

- *»Meinen Sie, dass das die Lage verbessert?«*

Taktik: Nachfrage, ob die Killerphrase wirklich ernst gemeint ist. Sollte der Gesprächspartner mit einem schlichten *»ja«* antworten, kann man mit einem *»warum«* den Ball wieder zurückwerfen.

2. Darüber muss mal eine Nacht geschlafen werden.

Der Cool-down-Konter

- *»Wenn es Ihnen hilft. Zunächst sollten wir …«*

Taktik: Teil-Zugeständnis, ohne jedoch den Faden zu verlieren.

Der Humor-Ironie-Konter

- *»Der frühe Vogel fängt den Wurm.«*

Taktik: Und noch ein Zitat. Danken Sie ihrer Großmutter, wenn Sie Ihnen viele Beispiele dieser Art beigebracht hat. Man konnte ja nicht ahnen, dass die einem noch mal richtig behilflich sein werden …

Der Haifisch-Konter

- *»Hauptsache, wir verschlafen dabei nicht den richtigen Zeitpunkt.«*
- *»Ich glaube, geschlafen haben Sie lange genug. Es ist endlich an der Zeit aufzuwachen.«*

Taktik: Ihre Geduld ist am Ende? Sie haben genug von den ewigen Aufschiebereien und Vertagungsmätzchen? Sie wollen Klartext reden? Dann bringen Sie Ihren Standpunkt vielleicht auf diese Weise zum Ausdruck.

3. Kommt Zeit, kommt Rat.

Der Cool-down-Konter

- *»Eile mit Weile.«*

Taktik: Das Gegenüber mit den eigenen Waffen schlagen. Ein Sprichwort jagt das nächste. Eigentlich ist dies ein Konter aus der Humor-Ironie-Ecke. Hier jedoch kann er abkühlend wirken, weil man dem anderen ganz gelassen vermittelt, dass er/sie mit Sprichwörtern nicht wirklich weiterkommt.

Der Humor-Ironie-Konter

- *»Schönes altes Sprichwort. Kennen Sie noch mehr davon?«*

Taktik: Dem Sprichwort zustimmen, es aber als Argument nicht akzeptieren. Sie zeigen damit, dass Sie eine solche Aussage nicht wirklich ernst nehmen.

Der Haifisch-Konter

- *»Tut mir Leid, aber ich kann nicht so lange warten.«*
- *»Ach, Sie warten darauf, dass die Zeit die Lösung bringt? Auch 'ne Methode!«*

Taktik: Offen ausgedrückte Verärgerung über die Hinhaltephrase.

4. Ohne jetzt die Diskussion abwürgen zu wollen ...

Der Cool-down-Konter

- *»Gut, lassen Sie uns weiterreden über den Vorschlag. Ich bin überzeugt ...«*

Taktik: Übergehen des Einwands, um direkt beim eigentlichen Thema weiter zu machen.

Mischung aus Rückfrage- und Benennungs-Konter

- *»Warum tun Sie es dann, wenn Sie es nicht wollen?«*

Taktik: Sie müssen gar nicht sagen, dass es sich hier um kein echtes Argument handelt. Das macht Ihr Gegenüber schon selber.

Der Benennungs-Konter

- *»Dieses Thema ist zu wichtig. Wir können nicht einfach mit einer Killerphrase zur Tagesordnung übergehen.«*

Taktik: Warnung an den anderen, solche Diskussionskiller zu vermeiden.

- *»Schön, dass wir uns einig sind. Diskussionen abzuwürgen bringt wirklich nichts.«*

Taktik: Absichtlich falsch verstandener Einwurf im Interesse des Themas.

5. Ich habe das Gefühl, dass die Zeit dafür noch nicht reif ist.

Der Rückfrage-Konter

- *»Was bringt Sie zu dieser Meinung?«*

Taktik: Nachfrage, um abzuklopfen, ob mehr als eine Phrase hinter den Worten steckt.

Mischung aus Rückfrage- und Humor-Ironie-Konter

- *»Wie erkennt man reife Zeit?«*
- *»Und wie fühlt sich das an?«*

Taktik: Sich lustig machen über die Formulierung, die bei näherer Betrachtung sehr hohl ist.

Der Haifisch-Konter

- *»Vielleicht ist es bei Ihnen an der Zeit, mal die eigenen Gefühle zu überprüfen.«*
- *»Und ich habe das Gefühl, dass Sie dafür noch nicht reif sind.«*

Taktik: Deutlicher Angriff des Gegenübers, um ihm oder ihr die Grenzen aufzuzeigen.

6. Wir sollten auf jeden Fall nichts überstürzen.

Der Cool-down-Konter

- *»Aber auch auf keinen Fall den richtigen Moment verpassen. Deshalb lassen Sie uns nun fortfahren.«*

Taktik: Schlagfertig die Killerphrase aufgefangen und ohne große Umschweife zum Thema zurückgefunden.

Der Rückfrage-Konter

- *»Welchen Zeitplan schlagen Sie vor?«*

Taktik: Mit diesem Konter können Sie auf das »Argument» des anderen eingehen. Er oder sie muss Farbe bekennen und kann sich nicht mehr einfach rausreden.

Der Humor-Ironie-Konter

- *»Schon Elvis sang: ›it's now oder never‹.«*
- *»Hic Rhodus, hic salta.«*[9]

Taktik: Ob auf Englisch oder Latein – in jedem Fall eine ironisierte Aufforderung, die Aufschieberitis zu unterlassen.

Der Haifisch-Konter

- *»Tut mir Leid für Sie, wir haben keine Zeit, Däumchen zu drehen.«*

Taktik: Verbaler Gegenangriff, mit dem der Vertagungsmeister die rote Karte gezeigt bekommt.

7. Ach, wissen Sie, damit sollten wir noch eine Weile warten.

Der Rückfrage-Konter

- *»Und was meinen Sie, wie lange diese Weile dauern soll?«*

Taktik: Nachfragen, um die Killerphrase zu entlarven bzw. den Inhalt zu konkretisieren.

Mischung aus Rückfrage- und Haifisch-Konter

- *»Schnelle Entscheidungen sind nicht so Ihre Sache, was?«*

Taktik: Rückfrage als Angriff. Deutliche Kritik des Hinhaltemanövers.

Der Haifisch-Konter

- *»Einverstanden. Warten wir so lange ab, bis uns die Konkurrenz endgültig überholt hat.«*
- *»Das wird die Konkurrenz freuen.«*

Taktik: Aufzeigen der Konsequenzen, wenn man dieser Haltung nachgibt, die durch die Killerphrase zum Ausdruck kommt.

- *»Ich wette, Sie sind jemand, der bei gelb 'ne Vollbremsung macht.«*

Taktik: Deutliche Provokation des Sprücheklopfers – nur dann empfehlenswert, wenn eh nicht mehr mit einem inhaltlichen Fortkommen zu rechnen ist.

8. Darüber reden wir ein anderes Mal.

Der Rückfrage-Konter

- *»Gut. Wann und wo?«*

Taktik: »Butter bei die Fische« lautet das Motto. Wenn Sie sich schon darauf einlassen, dieses Mal nicht über den Punkt zu reden, soll es Ihrem Gegenüber nicht so leicht gemacht werden, sich erneut zu entziehen.

Der Humor-Ironie-Konter

- *»Was du heute kannst besorgen, das verschiebe nicht auf morgen.«*

Taktik: Mit Killerphrasen auf Killerphrasen antworten – nicht die feine englische Art, aber wenn's sein muss?

Mischung aus Humor-Ironie- und Haifisch-Konter

- *»Wie lange? Bis zum nächsten Jahr – oder kommt das für Sie zu überraschend?«*

Taktik: Lächerlichmachen des oder der anderen, indem der Phrase ironischerweise übertrieben zugestimmt wird.

9. Das ist das Thema einer anderen Sitzung.

Der Cool-down-Konter

- *»Nicht, wenn wir es zum Thema dieser Sitzung machen.«*

Taktik: Sie bleiben mit dieser Antwort souverän und gelassen, und lassen sich von der Vertagungs-Killerphrase nicht aus dem Konzept bringen.

- *»Besondere Situationen erfordern besondere Maßnahmen.«*

Taktik: Versuchen Sie erst gar nicht groß zu erklären, wieso jetzt dieses Thema behandelt werden soll, obwohl es noch gar nicht für heute vorgesehen ist. Mit einem kurzen Statement reagieren Sie angemessen gelassen.

Der Rückfrage-Konter

- *»Wie wäre es, wenn wir aufgrund der Aktualität das Thema schon jetzt behandeln?«*

Taktik: So sachlich und ruhig wie möglich können Sie mit dieser Rückfrage Verzögerungsmätzchen zunichte machen.

Der Haifisch-Konter

- *»Schön, dass Sie so flexibel und unbürokratisch reagieren.«*

Taktik: Jetzt wird zurückgebissen. Manchmal muss es eine Spur deutlicher sein, wenn man das Gefühl hat, dass man es mal wieder mit einem Prinzipienreiter zu tun hat.

10. Dafür ist jetzt keine Zeit.

Der Cool-down-Konter

- *»Die sollten wir uns nehmen.«*

Taktik: Knappe Richtigstellung, ohne allzu viel Energie oder gar Emotionen einzusetzen.

Der Humor-Ironie-Konter

- *»Oh, da fällt mir die Geschichte des Mannes ein, der eines Tages einen Waldspaziergang macht. Aus der Ferne hört er ein quietschendes Geräusch. Er kommt immer näher und sieht einen Holzfäller, der dabei ist, einen Baumstamm in Stücke zu sägen. Der Arbeiter schwitzt und stöhnt, denn die Arbeit ist offensichtlich ziemlich anstrengend. Der Spaziergänger geht etwas näher ran, um zu sehen, warum die Arbeit so schwer ist. Er erkennt den Grund und sagt: ›Tschuldigung. Mir ist aufgefallen, dass Ihre Säge ganz stumpf ist. Kein Wunder, dass Sie sich so abmühen müssen. Schärfen sie doch* *die Säge.‹ Daraufhin der Holzfäller: ›Tut mir Leid, aber dafür habe ich keine Zeit. Ich muss heute noch viel sägen.‹«*

Taktik: Anekdoten sind hervorragend geeignet, Verhaltensweisen zu kritisieren, ohne die Person direkt anzusprechen. Muss natürlich in den Rahmen passen.

Der Haifisch-Konter

- *»Sie sollten lernen, die Prioritäten richtig zu setzen.«*

Taktik: Deutliches Kundtun, was man von der Einstellung des oder der anderen hält.

11. Die Zeit ist zu knapp, um ewig herumzupalavern.

Der Cool-down-Konter

- *»Dann lassen Sie uns zum Thema kommen.«*
- *»Okay, dann lassen Sie uns über die wirklich wichtigen Dinge sprechen, z.B. über diesen Punkt.«*

Taktik: Weder eine Rechtfertigung noch ein Anflug von Empörung im Interesse der Diskussion.

Der Benennungs-Konter

- *»Ganz Ihrer Meinung. Wir sollten deshalb auf Killerphrasen verzichten.«*

Taktik: Metakommunikation – ansprechen und verurteilen dieser Form der Kommunikation.

Mischung aus Rückfrage- und Haifisch-Konter

- *»Wer palavert hier?«*

Taktik: Offenlegen, was bzw. wen der andere gemeint haben könnte. Eine solche Konfrontation führt meist dazu, dass der Gesprächspartner wieder einen Rückzieher macht à la *»Nein, ich wollte nur sagen, …«*

Der Haifisch-Konter

- *»Gut erkannt. Noch besser wäre, wenn auch Sie sich dran halten würden.«*

- *»Ich palavere nicht. Das überlasse ich anderen.«*

Taktik: Angriff direkt wieder zurückgegeben.

12 Das ist nicht unsere Aufgabe.

Der Cool-down-Konter

- *»Das kann man auch anders sehen. Ich bin der Auffassung …«*

Taktik: Richtigstellung und Anknüpfen an das eigentliche Thema.

Der Rückfrage-Konter

- *»Warum wollen Sie dem aus dem Wege gehen?«*
- *»Sondern?«*
- *»Wessen Aufgabe ist es denn?«*
- *»Wessen Aufgabe, wenn nicht unsere?«*

Taktik: Nachfragen, um das Gegenüber festzunageln.

Der Humor-Ironie-Konter

- *»Verzeihung – falsche Zeit. Ich darf Sie korrigieren: Imperfekt: Das war nicht unsere Aufgabe.«*

Taktik: Wortspiel, um die Wirkung der Killerphrase zu schwächen.

13. Wir werden bei Gelegenheit darauf zurückkommen.

Der Rückfrage-Konter

- *»Wann wird das sein?«*

Taktik: Den Phrasendrescher nicht mit einer so schwammigen Angabe wie »bei Gelegenheit« durchkommen lassen.

Der Humor-Ironie-Konter

- *»Danke, dass Sie sich so ausführlich mit der Idee beschäftigen.«*

Taktik: Sie glauben nicht mehr daran, dass Ihr Gegenüber tatsächlich gewillt ist, auf diese Sache zurückzukommen. Ihnen bleibt nur noch die Ironie? Mit dieser Art von Reaktion machen Sie deutlich, dass Sie den anderen langsam aber sicher nicht mehr ernst nehmen.

Der Haifisch-Konter

- *»Ist das wieder ein Versuch, die Sache unter den Teppich zu kehren? Das habe ich beim letzten Vorschlag auch gehört, und das war auch das letzte Mal, dass davon die Rede war.«*

Taktik: Wollen Sie deutlich sagen, was Sie davon halten? Dann können Sie so klar machen, dass Sie kein Blatt vor den Mund nehmen und der Aussage Ihres Gegenübers keinen Glauben schenken.

Übung

Und nun kommt wieder Ihr Einsatz. Üben Sie, Vertagungs-Killerphrasen gekonnt zu kontern. Wie würden Sie antworten, wenn man Ihnen folgende Sprüche »um die Ohren haut«? Sie sollten zwei Konter mindestens für jede Phrase finden:

1. Das ist das Thema einer anderen Sitzung.

___

___

___

(siehe Seite 96 f.)

2. Kommt Zeit, kommt Rat.

___

___

___

(siehe Seite 92)

3. Ich habe das Gefühl, dass die Zeit dafür noch nicht reif ist.

___

___

___

(siehe Seite 93)

Angriffs-Killerphrasen gekonnt kontern

Angriffs-Killerphrasen stellen einen deutlichen Angriff auf der persönlichen Ebene dar. Hier gibt sich der Phrasendrescher nicht mal mehr den Anschein, dass es um einen sachlichen Beitrag geht. Nein, das Gegenüber, sein Verhalten oder auch Äußerlichkeiten werden hier deutlich zum Thema gemacht. Die typischsten Angriffs-Killerphrasen:

1. Mein Gott, Sie sind immer so emotional.
2. Warum reagieren Sie so aggressiv?
3. Typisch blond!
4. Das ist wieder typisch für Sie.
5. Wie kann man nur so unrealistisch sein?
6. Sie haben die Weisheit auch nicht mit Löffeln gefressen.
7. Nun denken Sie doch einmal nach, auch wenn's schwer fällt.
8. Machen Sie sich doch nicht lächerlich.
9. Sie haben ja nicht mal studiert.
10. Als intelligente Frau müssten Sie doch verstehen, dass es so nicht geht.
11. An Ihrer Stelle würde ich mich auch so rausreden.
12. Das, was Sie da sagen, interessiert doch nun wirklich keine Sau.
13. Welcher Dummkopf hat Ihnen diesen Floh ins Ohr gesetzt?
14. Sie wieder mit Ihren merkwürdigen Ideen.
15. Ich habe selten einen solchen Mist gehört.
16. Sie haben ja eh keine Ahnung.
17. Ach, hören Sie auf, das nimmt Ihnen sowieso keiner ab.
18. Selbst für Sie muss doch klar sein, dass das nicht geht.
19. Mit Ihnen kann man nicht reden.
20. Was haben Sie sich denn dabei bloß gedacht?!
21. Sie sind aber auch immer so unflexibel.
22. Von Ihnen kommt immer das Gleiche.
23. Das hat doch weder Hand noch Fuß, was Sie da sagen.
24. Da können Sie doch gar nicht mitreden.
25. Da hätte ich mehr von Ihnen erwartet.
26. Sie wissen wohl immer alles besser, wie?
27. Geht das nicht alles ein bisschen schneller?!
28. Was soll daran denn originell sein?

29. Sie verstehen aber auch keinen Spaß.
30. Sie sind wohl überfordert?!

Immer wieder versuchen Phrasendrescher, Eigenschaften, Äußerlichkeiten oder Vorlieben des Gesprächspartners lächerlich zu machen oder auf andere Weise herabzusetzen, weil sie wissen, dass hier die Schockwirkung besonders groß ist. Lassen Sie sich nicht einschüchtern und kontern Sie mit den passenden Antworten:

1. Mein Gott, Sie sind immer so emotional.

Der Benennungs-Konter

- *»Ich würde es doch sehr begrüßen, wenn wir uns wieder sachlich unterhalten können.«*

Taktik: Mit diesem Konter strafen Sie Ihr Gegenüber lügen – schließlich sind Sie es, die/der wieder auf die Sachebene zurückwill.

Der Rückfrage-Konter

- *»Haben Sie Angst vor Emotionen?«*

Taktik: Problemverlagerung – mit einem solchen Konter zeigen Sie, dass nicht Ihr Verhalten (»emotional«) das Problem ist, sondern die mangelnde Fähigkeit des anderen damit umzugehen.

Mischung aus Benennungs- und Haifisch-Konter

- *»Mit anderen Worten: Ihnen fällt zum eigentlichen Thema nichts ein.«*

Taktik: Hier wird zwar nicht das Wort Killerphrase oder Totschlagargument gebracht, aber nichtsdestotrotz wird klar, dass man die Art der Kommunikation kritisiert – auf sehr deutliche Weise. Deshalb fast schon mehr ein Haifisch- als ein Benennungs-Konter.

Der Haifisch-Konter

- *»Besser emotional als schlecht vorbereitet.«*

Taktik: Abschwächen der Killerphrase nach dem Motto: Das, was mir vorgeworfen wird, ist nichts im Vergleich zu dem, was Sie sich erlauben.

2. Warum reagieren Sie so aggressiv?

Der Cool-down-Konter

- *»Das war nicht aggressiv, sondern durchsetzungsstark. Ich sag es aber gern auch noch mal leiser …«*

Taktik: Richtigstellung mit einem Zugeständnis, das den anderen versöhnlich stimmen soll.

Der Humor-Ironie-Konter

- *»Entschuldigung, ich wollte Ihnen keine Angst machen.«*

Taktik: Asche aufs Haupt streuen – natürlich nicht ernst gemeint.

- *»Ich will so bleiben, wie ich bin.«* (am besten gesungen[10])

Taktik: Der gesungene Werbeblock.

- *»Sie wissen doch: Nur die Harten kommen in den Garten.«*
- *»Wie man in den Wald hineinruft, so schallt es heraus.«*

Taktik: Ein Griff in die Zitatenkiste erspart einem, selber über eine kreative Antwort nachdenken zu müssen.

Der Haifisch-Konter

- *»Man soll nicht von sich auf andere schließen.«*
- *»Im Gegensatz zu Ihnen habe ich noch Gefühle.«*
- *»Ich kann noch ganz anders. Das war meine nette Seite.«*
- *»Manche Leute brauchen das.«*

Taktik: Gegenangriff, der keine Fragen offen lässt.

3. Typisch blond!

Mischung aus Cool-down- und Rückfrage-Konter

- *»Was ist Ihr konkreter Vorschlag?«*

Taktik: Sie haben keine Lust, sich in diese Art der Diskussion hineinzusteigern? Sie wollen zurück auf die Sachebene? Dann steuern Sie mit einer Frage wie dieser direkt dorthin und machen deutlich, dass Sie über den Dingen stehen.

Der Rückfrage-Konter

- *»Sie machen Qualität an Äußerlichkeiten fest?«*

Taktik: Diese Antwort könnte auch gut als Haifisch-Konter durchgehen. Sicher ist auch von den Faktoren Gestik, Mimik, Betonung abhängig, wie angriffslustig Sie dabei rüberkommen.

- *»Was gefällt Ihnen an der Haarfarbe nicht?«*

Taktik: Diese Frage ist natürlich keine echte Rückfrage, insofern, als dass Sie als Rückfrager/in nicht wirklich die Antwort interessiert. Vielmehr wollen Sie dem anderen nicht den Gefallen tun, sich über den Angriff aufzuregen und geben sich naiv. Das kann für jemanden, der es darauf anlegt zu provozieren, ganz schön ärgerlich sein.

Der Humor-Ironie-Konter

- *»Danke für das Kompliment.«*
- *»Gratuliere, das haben Sie aber schnell bemerkt.«*

Taktik: Auch eine Möglichkeit, mit dieser Art von Phrasendrescherei umzugehen. Ironie hilft Ihnen zum Ausdruck zu bringen, dass Sie nicht gewillt sind, sich provozieren zu lassen.

4. Das ist wieder typisch für Sie.

Der Rückfrage-Konter

- *»Für wen sonst?«*

Taktik: Entspannt ausgesprochen ist dies eine deeskalierende Äußerung; in scharfem Ton und mit ernster Mimik allerdings genau das Gegenteil.

Der Humor-Ironie-Konter

- *»Auf mich ist eben Verlass …«*
- *»Danke, ich weiß, dass ich eine klare Linie verfolge.«*

Taktik: Sie verstehen den Vorwurf absichtlich falsch als Kompliment. Gut gelöst! Sie tun Ihrem Gegenüber nicht den Gefallen, auf die Provokation einzusteigen, um damit letztlich vom eigentlichen Thema abzukommen.

Der Haifisch-Konter

- *»Dann brauchen wir ja gar nicht weiter zu reden, wenn Sie schon wissen, was ich denke.«*

Taktik: Die Unlust, die einen nach einer solchen Killerphrase beschleicht, klar benannt und mit Gesprächsabbruch gedroht. Deutliche Warnung an das Gegenüber.

5. Wie kann man nur so unrealistisch sein?

Der Cool-down-Konter

- *»Mein Motto lautet: Jeder Verlust von Idealismus ist ein kleiner Tod. Lassen Sie mich deshalb ergänzen …«*

Taktik: Frei von Rachegefühlen den eigenen Standpunkt darlegen.

Der Rückfrage-Konter

- *»Erklären Sie mir, wie Sie das meinen?«*

Taktik: Nachhaken und damit belegen, dass ein solcher Angriff Sie nicht einschüchtern kann.

Mischung aus Rückfrage- und Humor-Ironie-Konter

- *»Was ist schon real?«*

Taktik: Vielleicht mit an die Decke blickenden Augen die Philosophiestunde für Anfänger einläuten.

Der Haifisch-Konter

- *»Wenn ich Sie so sehe, weiß ich, dass es immer noch schlimmer kommen kann.«*
- *»Das fragen* Sie *mich?*

Taktik: Kein Blatt vor den Mund genommen, um dem oder der anderen die Lust an Killerphrasen zu nehmen.

6. Sie haben die Weisheit auch nicht mit Löffeln gefressen.

Der Cool-down-Konter

- *»Nicht nötig, damit bin ich schon auf die Welt gekommen. Ich möchte jetzt aber …«*

Taktik: Kurz gekontert und damit nicht mehr Energie als nötig aufgewandt, um schwuppdiwupp zum Thema überzuleiten.

Der Benennungs-Konter

- *»Beleidigungen bringen uns nicht weiter. Bitte lassen Sie das.«*

Taktik: Klare Ansage, dass Sie die Methode durchschauen und nicht dulden.

Der Humor-Ironie-Konter

- *»Schon wieder etwas, was wir gemein haben. Sie werden mir immer sympathischer.«*
- *»Nee, Sie auch nicht, was?«*
- *»Ach, Sie dachten, Weisheit kann man essen ...? Das tut mir Leid für Sie.«*

Taktik: Sich lustig machen über den Sprücheklopfer und ihm damit signalisieren, dass man ihn nicht ernst nimmt.

7. Nun denken Sie doch einmal nach, auch wenn's schwer fällt.

Der Benennungs-Konter

- *»Ich würde gerne sachlich mit Ihnen reden. Es wäre schön, wenn auch Sie sich daran halten könnten.«*

Taktik: Killerphrasen müssen leider draußen bleiben – das wird auch der Sprücheklopfer noch lernen.

Der Rückfrage-Konter

- *»Wollen Sie damit sagen, dass Nachdenken nicht zu meinen Stärken gehört?«*

Taktik: Offenlegen, was der Sprücheklopfer eigentlich gemeint hat.

Der Humor-Ironie-Konter

- *»Okay – einmal.«*

Taktik: Das Gegenüber auf den Arm nehmen – schließlich macht er/sie sich selbst gerade lächerlich.

Der Haifisch-Konter

- *»Man sollte nicht von sich auf andere schließen.«*

Taktik: Einmal Beleidigung retour als abschreckende Maßnahme.

8. Machen Sie sich doch nicht lächerlich.

Der Benennungs-Konter

- *»Wie wär's, wenn wir uns einmal ernsthaft mit meiner Idee beschäftigen, statt sie einfach mit einer Phrase abzutun?«*

Taktik: Als Frage formulierter Konter, der aber trotzdem keine Fragen offen lässt, und deutlich macht, was man von dieser Form der Kommunikation hält.

Der Rückfrage-Konter

- *»Was ist denn so lustig an meinem Vorschlag?«*

Taktik: Naiv daherkommende Rückfrage, die den Phrasendrescher beim Wort nimmt.

Der Haifisch-Konter

- *»Ich finde, ein bisschen Humor könnte auch Ihnen ganz gut tun.«*
- *»Komisch, dasselbe wollte ich gerade Ihnen sagen.«*
- *»Das überlasse ich Ihnen.«*

Taktik: Und wieder wird ausgeteilt in der Hoffnung, den anderen so zum Schweigen zu bringen.

9. Sie haben ja nicht mal studiert.

Der Rückfrage-Konter

- *»Und was hat das jetzt mit unserer Sache zu tun?«*
- *»So what?«*

Taktik: Ob auf Deutsch oder Englisch – in jedem Fall soll der Gesprächspartner mal erläutern, was er eigentlich sagen will.

Der Humor-Ironie-Konter

- *»Wenn ich auch noch studiert hätte, wäre es ja nicht mehr zum Aushalten …«*

Taktik: Mit Humor die Bemerkung kontern, trägt dazu bei, die Schärfe aus der Diskussion zu nehmen.

Der Haifisch-Konter

- *»Einen muss es hier ja geben, der noch Bodenhaftung hat.«*
- *»Um logisch zu denken, brauche ich keinen Uniabschluss.«*

Taktik: Verbaler Schlagabtausch, mit dem man unter Beweis stellt, dass man auch ohne ein Studium spielend mit einer solchen Killerphrase fertig wird.

10. Als intelligente Frau müssten Sie doch verstehen, dass es so nicht geht.

Der Cool-down-Konter

- *»Gerade weil ich intelligent bin, ist mir klar, dass es so geht.«*
- *»Intelligente Frauen probieren viel aus.«*

Taktik: Lassen Sie sich nicht mit einem Scheinargument einwickeln. Benutzen Sie es in Ihrem Sinne, wie in diesem Fall.

Der Rückfrage-Konter

- *»Wie geht es denn Ihrer Meinung nach?«*

Taktik: Die Provokation wird im Interesse des Themas überhört. Nun muss Ihr Gegenüber ran und erläutern.

Der Haifisch-Konter

- *»Ich bin viel intelligenter, als Sie sich vorstellen können.«*

Taktik: Das hat er nun davon. Intelligente Frauen sollte man nicht provozieren.

11. An Ihrer Stelle würde ich mich auch so rausreden.

Der Cool-down-Konter

- *»Es geht hier nicht um rausreden, vielmehr …«*

Taktik: Knappe Richtigstellung.

Der Rückfrage-Konter

- *»Warum zweifeln Sie an meinen Ausführungen?«*
- *»Sie haben es als Rausreden empfunden?«*

Taktik: Hier verkneift man sich, auf die Beleidigung emotional einzusteigen, stattdessen muss der Phrasendrescher seine Meinung erklären.

Mischung aus Rückfrage- und Haifisch-Konter

- *»Halten Sie mich für so einfallslos?«*

Taktik: Rückfrage, aber mit deutlich provokativem Unterton.

Der Haifisch-Konter

- *»Sie sprechen da aus Erfahrung?«*
- *»Gottseidank sind Sie nicht an meiner Stelle.«*

Taktik: Gegenwehr, damit die Killerphrase keine Wirkung entfalten kann.

12. Das, was Sie da sagen, interessiert doch nun wirklich keine Sau.

Der Benennungs-Konter

- *»Bitte werden Sie nicht beleidigend!«*
- *»Ich fänd's sehr angenehm, wenn wir unser Gesprächsniveau wieder etwas anheben könnten.«*

Taktik: Gut, wenn Sie sich unter Kontrolle haben, was Ihr Gesprächspartner nicht von sich behaupten kann.

Der Rückfrage-Konter

- *»Ja, und was ist mit Ihnen?«*

Taktik: Sich nicht von der drastischen Ausdrucksweise anstecken lassen und einfach am Thema bleiben. Sollte Ihr Gegenüber mit einem platten *»Mich auch nicht«* reagieren, bleibt immer noch die bewährte Methode, »Schallplatte mit Sprung« zu spielen und wieder zu fragen: *»Und warum nicht?«*

Der Humor-Ironie-Konter

- *»An die war mein Vorschlag auch eigentlich nicht gerichtet.«*

Taktik: Ruhig Blut und so locker wie möglich auf die heftige Killerphrase reagieren.

Der Haifisch-Konter

- *»Was sollte ich denn sagen, damit auch jede Sau das interessiert?«*

Taktik: Auch nicht die feine Art. Also gut überlegen, ob es sich lohnt, so deutlich zu werden.

13. Welcher Dummkopf hat Ihnen diesen Floh ins Ohr gesetzt?

Der Rückfrage-Konter

- *»Welchen Floh meinen Sie?«*

Taktik: Statt sich zu erklären, zu rechtfertigen oder gar zu entschuldigen, besser einmal nachfragen, was der andere gemeint hat. Möglicherweise gehen ihm bzw. ihr dabei schon die Worte aus.

Der Humor-Ironie-Konter

- *»Tschuldigung, ich hab' Sie da nicht verstanden. Ich hab' da was im Ohr.«*

Taktik: Auch eine Möglichkeit: Sie zeigen dem anderen, dass Sie Spaß verstehen und nicht gewillt sind, in eine Auseinandersetzung einzusteigen.

Der Haifisch-Konter

- *»Ach, Sie meinen, dass das eigentlich Ihre Idee war?«*

Taktik: Böse, böse. Naja, wer Sie so scharf angeht, muss damit rechnen, dass Sie das nicht auf sich sitzen lassen.

14. Sie wieder mit Ihren merkwürdigen Ideen.

Der Cool-down-Konter

- *»Richtig, ich denke auch, dass meine Ideen es wert sind, gemerkt zu werden.«*

Taktik: Absichtliches Falsch-Verstehen heißt das Motto der Reaktion. Eigentlich ein Humor-Ironie-Konter. Hier ist sie aber ganz ernst gemeint. Sie fassen also den Vorwurf als Kompliment auf, und schon nehmen Sie dem Gegenüber den Wind aus den Segeln.

Mischung aus Rückfrage- und Benennungs-Konter

- *»Wie hilft uns Ihre Aussage jetzt weiter bei der Lösung unseres Problems?«*

Taktik: Durch die Blume gesagt, dass diese Form der Diskussion nicht förderlich ist.

Der Rückfrage-Konter

- *»Und was finden Sie an meinen Ideen merkwürdig?«*

Taktik: Statt die Empörung über die Anmache zum Ausdruck zu bringen, erfolgt hier die Nachfrage, um auf des Pudels Kern zu kommen.

Der Haifisch-Konter

- *»Besser merkwürdige Ideen als gar keine.«*

Taktik: Vergleich des vorgeworfenen Verhaltens mit dem des Sprücheklopfers, das dabei selbstverständlich schlechter abschneidet.

15. Ich habe selten einen solchen Mist gehört.

Der Cool-down-Konter

- *»Ich glaube, Sie haben mich nicht richtig verstanden. Ich wiederhole es gern noch mal.«*
- *»Vielleicht habe ich mich unklar ausgedrückt. Ich wiederhole es gern noch mal.«*

Taktik: Fast gleiche Reaktionen. Die zweite Variante ist noch zurückgenommener. Der oder die Angesprochene sucht den Fehler bei sich selbst (»unklar ausgedrückt«). In beiden Fällen sollten die Konter möglichst entspannt-locker gesprochen werden, um dem anderen nicht das Gefühl zu geben, dass hier Ironie im Spiel ist.

Der Benennungs-Konter

- *»Nun lassen Sie beleidigende Äußerungen wie diese. Ich glaube nicht, dass dies dem Gesprächsklima besonders bekommt.«*

Taktik: Killerphrase beim Namen genannt.

Der Humor-Ironie-Konter

- *»Danke für die qualifizierte Äußerung. Das ist es, was ich an Ihnen so schätze: konstruktive Kritik, die einen wirklich weiter bringt.«*

Taktik: Ironisches Bedanken für die Killerphrase signalisiert dem Gegenüber: Das war keine kommunikative Glanzleistung.

- *»Auch die Lotusblume wächst im Sumpf.«*

Taktik: Was für ein Vergleich – mit einem Lächeln ausgesprochen stellen Sie demonstrativ sicher, dass Sie über den Dingen stehen.

16. Sie haben ja eh keine Ahnung.

Der Benennungs-Konter

- *»Persönliche Angriffe bringen uns nicht weiter. Ich möchte gern über unser Thema reden.«*

Taktik: Deutliche Ablehnung dieser Kommunikationsform.

Der Humor-Ironie-Konter

- *»Das haben Sie ganz richtig erfasst. Es handelt sich bei mir nicht nur um eine bloße Ahnung, sondern um fundiertes Wissen.«*

Taktik: Legen Sie das Wort auf die Goldwaage und führen Sie damit den Vorwurf ins Absurde.

- *»Lassen Sie uns an Ihrem Wissen teilhaben.«*

Taktik: Sie können dem Gegenüber auch richtig »Honig ums Maul schmieren.« Eine Methode, um die Killerphrase ins Lächerliche zu ziehen.

Der Haifisch-Konter

- *»Sie meinen also, dass Sie als Einziger hier den Durchblick haben?«*

Taktik: Ein als Rückfrage getarnter Haifisch-Konter.

17. Ach, hören Sie auf, das nimmt Ihnen sowieso keiner ab.

Der Cool-down-Konter

- *»Warten Sie's ab. Sie werden überrascht sein.«*
- *»Lassen Sie mich mal machen.«*

Taktik: Nur keine Aufregung. Gar nicht so leicht, bei einem persönlichen Angriff wie diesem noch ruhig und gelassen zu kontern. Im Interesse des gesamten Gesprächsklimas oder des Gesprächsziels ist es aber oft die hilfreichste Methode.

Der Rückfrage-Konter

- *»Was macht Sie so skeptisch?«*

Taktik: Freundlich formulierte Rückfrage, die bewusst die Schärfe aus dem Gespräch nimmt, indem hier nicht genauso stark reagiert wird.

Der Haifisch-Konter

- *»Sie müssen nicht von sich auf andere schließen.«*
- *»Das werden wir ja sehen.«*

Taktik: Vielleicht tut es Ihnen gut, so zu reagieren. Der Gesprächskultur nicht unbedingt.

18. Selbst für Sie muss doch klar sein, dass das nicht geht.

Der Benennungs-Konter

- *»Ihre Art der Kommunikation geht unter die Gürtellinie. Ich wäre Ihnen dankbar, wenn Sie das lassen könnten.«*

Taktik: Sie machen aus Ihrer Ablehnung keinen Hehl und sagen genau, was Sie stört.

Der Rückfrage-Konter

- *»Wie begründen Sie das?«*

Taktik: Deeskalierende Maßnahme. Statt selber »zurückzubeleidigen«, besser eine Frage stellen, die auf die Sachebene zielt.

Der Humor-Ironie-Konter

- *»Ich bin immer wieder begeistert von Ihren Argumenten. Da ist es wirklich schwer, dagegen zu halten.«*
- *»Bin selten so gut motiviert worden.«*

Taktik: Ironie hoch drei. Natürlich ist das Lob nicht ernst gemeint. Hier dient es dazu, die Aussage des Gegenübers ins Lächerliche zu ziehen. Vielleicht merkt er oder sie, dass man auf diese Weise keine Punkte sammelt.

Der Haifisch-Konter

- *»Selbst für Sie kann es doch nicht so schwer sein, mal über den Tellerrand zu schauen.«*

Taktik: Hier wird in gleicher Münze zurückgezahlt. Sicher nicht aus kommunikationstheoretischer Sicht die wertvollste Art, miteinander zu sprechen. Aber manchmal muss es schon ein deutliches Zeichen sein, damit dem anderen klar wird: Ich bin zu weit gegangen oder hier funktioniert meine Taktik nicht.

19. Mit Ihnen kann man nicht reden.

Mischung aus Rückfrage- und Benennungs-Konter

- *»Meinen Sie, dass diese Bemerkung förderlich ist?«*

Taktik: Eher eine rhetorische Frage. Wahrscheinlich erwarten Sie keine Antwort, denn es ist ganz offensichtlich, dass diese Form der Kommunikation abzulehnen ist.

Der Rückfrage-Konter

- *»Wo liegt das Problem?«*

Taktik: Statt sich auch in Provokationen zu verlieren, bietet sich die Rückfrage als Möglichkeit an, dem andern auf den Zahn zu fühlen und herauszufinden: Was ist das eigentliche Problem?

Der Humor-Ironie-Konter

- *»Pardon – eine kleine Korrektur, dann stimmt der Satz: Statt ›man‹ muss es ›ich‹ heißen.«*
- *»Na, dann singen Sie doch.«*

Taktik: Jedes Wort auf die Goldwaage legen, um es dann gewissermaßen auseinander bzw. ganz wörtlich zu nehmen. Alles verfolgt ein Ziel: Dem anderen nicht das Gefühl zu geben, dass seine Killerphrase fruchtet und damit provoziert.

Mischung aus Rückfrage- und Haifisch-Konter

- *»Mit wem denn sonst?«*

Taktik: Freches Selbstbewusstsein – Tonfall und Mimik entscheiden darüber, wie hart die Aussage rüberkommt.

20. Was haben Sie sich denn dabei bloß gedacht!?

Der Cool-down-Konter

- *»Schön, dass Sie nachfragen. Ich hab' mir Folgendes gedacht.«*

Taktik: Den Vorwurf überhören und den Phrasendrescher ernster nehmen, als ihm lieb ist. Damit gelangen Sie wieder geschickt zum Thema zurück.

- *»Sie können sicher sein, dass ich alles gut durchdenke.«*

Taktik: Richtigstellung, die nicht zickig klingen darf, wenn sie ein echter Cool-down-Konter sein soll.

Der Rückfrage-Konter

- *»Was können Sie nicht nachvollziehen?«*

Taktik: Nüchtern nachfragen, um bloß nicht in die Rechtfertigungs-Falle zu tappen.

Der Humor-Ironie-Konter

- *»Alles wird gut.«*

Taktik: Sich nicht von der Aufregung anstecken lassen, sondern durch übertriebenes Beruhigen demonstrieren, wie wenig Ihnen dieser Vorwurf etwas anhaben kann.

21. Sie sind aber auch immer so unflexibel.

Der Benennungs-Konter

- *»Glauben Sie, dass wir auf diese Art konstruktiv miteinander umgehen?«*

Taktik: Rhetorische Frage, die die Phrasendrescherei kritisiert.

Der Humor-Ironie-Konter

- *»Nennen Sie mich einfach konsequent.«*
- *»Ich tu', was ich kann.«*

Taktik: Fröhlich und munter gekontert wird das dem anderen wahrscheinlich nicht gerade gute Laune bereiten. Schließlich wollte er Sie eigentlich verunsichern bzw. emotional treffen. Mit dieser Reaktion unterstreichen Sie, dass dies dem Phrasendrescher nicht gelungen ist.

Der Haifisch-Konter

- *»Lassen Sie es mich anders ausdrücken: Ihre Gegenvorschläge sind nicht überzeugend.«*
- *»Machen Sie es besser.«*

Taktik: Das Motto hier lautet – mit bestem Dank zurück. Sie begeben sich auf die gleiche Ebene wie der Phrasendrescher. Sie müssen entscheiden, ob Ihnen die Sache das wert ist.

22. Von Ihnen kommt immer das Gleiche.

Der Benennungs-Konter

- *»Meine Erfahrung ist, dass pauschalisierende Vorwürfe nichts bringen. Was halten Sie davon, wenn wir weiter über das eigentliche Thema reden?«*

Taktik: Klar und deutlich benennen, was stört.

Der Rückfrage-Konter

- *»Wie meinen Sie das?«*

Taktik: Verschnaufpause für Sie und Zeit, über weitere Reaktionen nachzudenken.

Der Humor-Ironie-Konter

- *»Seien Sie froh, dass es mit mir keine bösen Überraschungen gibt.«*
- *»Ach was.«*
- *»Sagen Sie bloß.«*

Taktik: Spaßvariante – auch wenn Ihr Gegenüber nicht so amüsiert sein wird, wie Sie bei diesen Kontern.

23. Das hat doch weder Hand noch Fuß, was Sie da sagen.

Der Benennungs-Konter

- *»Ich möchte darauf jetzt nicht weiter eingehen, weil ich persönliche Angriffe nicht für sehr konstruktiv halte.«*

Taktik: Sie sagen, was Sie denken. Damit verderben Sie Ihrem Gegenüber bestimmt den Spaß an der Phrasendrescherei.

Der Humor-Ironie-Konter

- *»Wie angenehm. Dann entfällt wenigstens das lästige Nägelschneiden.«*

Taktik: Wenn Ihr Gegenüber sich so lächerlich macht, muss er sich nicht wundern, wenn Sie alles nur noch zum Lachen finden.

Der Haifisch-Konter

- *»Ja, aber Sinn und Verstand.«*

Taktik: Direkt zurückgeben – der klassische Haifisch-Konter. Allerdings ließe sich diese Form der Retourkutsche sogar als Cool-down-Konter anwenden, wenn die Mimik und Stimme dabei das Gesagte entsprechend unterstreicht. Mit einem Lächeln im Gesicht und freundlicher Stimmlage muss man dies nicht als Kampfansage verstehen.

- *»Ich warte auf Ihre genialen Gegenvorschläge.«*

Taktik: Herausforderung zum Duell. Der Ausdruck »genial« macht klar, dass Sie nicht ernsthaft auf Vorschläge der Gegenseite warten.

24. Da können Sie doch gar nicht mitreden.

Der Cool-down-Konter

- *»Ich glaube nicht, dass Sie mich so gut kennen, um das beurteilen zu können.«*

Taktik: Kurze Richtigstellung, völlig unaufgeregt gesprochen, um dann mit dem Wesentlichen weiterzumachen.
Mit einer stärkeren Betonung auf dem »*Sie*« könnte dieser Satz aber auch als Haifisch-Konter durchgehen.

- *»Ich darf Sie da korrigieren: ich kann.«*
- *»Wie Sie sehen, beweise ich Ihnen gerade das Gegenteil.«*

Taktik: Auch hier noch mal dasselbe Muster. Gelassen, womöglich mit einem Lächeln ausgesprochen, bringen Sie Ihre Souveränität deutlich zum Ausdruck.

Der Rückfrage-Konter

- *»Was bringt Sie zu dieser Auffassung?«*

Taktik: Die Provokation nicht auf sich sitzen lassen und sich trotzdem nicht unterhalb der Gürtellinie bewegen – das gelingt vor allem mit Rückfragen dieser Art gut.

Der Humor-Ironie-Konter

- *»Ja, natürlich, wie konnte ich nur so vermessen sein, selber zu denken? Ich bitte vielmals um Entschuldigung. Wird nicht wieder vorkommen.«*

Taktik: Lassen Sie Asche auf Ihr Haupt rieseln. Übertreiben Sie Ihr Bedauern, um die Absurdität der Situation überdeutlich zu charakterisieren.

25. Da hätte ich mehr von Ihnen erwartet.

Der Cool-down-Konter

- *»Lassen Sie uns statt über Erwartungen lieber über konkrete Maßnahmen sprechen.«*

Taktik: Den Vorwurf im Konter zwar aufgenommen, aber auf sehr friedfertige Art und dann geschickt daran den roten Faden geknüpft.

Der Rückfrage-Konter

- *»Was genau?«*
- *»Was haben Sie zu bemängeln?«*

Taktik: Sie werfen den Ball zurück und nun ist der andere dran, sich zu erklären. Phrasendreschern geht dabei schnell die Luft aus.

Der Humor-Ironie-Konter

- *»Danke, dass Sie eine so hohe Meinung von mir haben.«*

Taktik: Ach ja, die Welt ist gut, und was immer man Ihnen auch sagt, Sie können es als Kompliment nehmen. Das kann Ihr Gegenüber richtig wütend machen. Wenn Sie das wollen …?

- *»Geben ist seliger als Nehmen.«*

Taktik: Und da haben wir mal wieder ein Zitat, mit dem Sie Ihrer Verwunderung oder Belustigung über den Sprücheklopfer und seine/ihre Ergüsse Ausdruck verleihen können.

26. Sie wissen wohl immer alles besser, wie?

Der Cool-down-Konter

- *»Ich mache lediglich Vorschläge. Also, was meinen Sie ...?«*

Taktik: Möglichst entspannt und freundlich diesen Konter aussprechen, sonst könnte man Ihnen unterstellen, doch nicht ganz mit kühlem Kopf zu handeln.

Der Humor-Ironie-Konter

- *»Nicht immer, aber immer öfter.«*
- *»Wusste gar nicht, dass Sie mich so gut kennen. Danke.«*

Taktik: Dem anderen bloß nicht den Gefallen tun und irgendwie verärgert oder gar wütend auf die Provokation einsteigen. Nein, besser Sie geben ihm oder ihr sogar noch Recht und spitzen die Aussage der Killerphrase weiter zu.

- *»Tut mir so Leid. Pardon. Das wollte ich nicht. Ist mir so rausgerutscht.«*

Taktik: Asche auf mein Haupt. Je nach dem, wie hoch Ihre schauspielerischen Talente ausgeprägt sind, kann dieser Konter Verunsicherung, Verwirrung oder aber auch Verärgertsein zur Folge haben. Am besten eine solche Aussage vorher einmal vor dem Spiegel trainieren.

Der Haifisch-Konter

- *»Als Sie allemal.«*

Taktik: Kurz den Phrasendrescher abfertigen. Wie gesagt, es ist Ihre Entscheidung, ob Sie sich eine solche Reaktion erlauben können und/oder wollen.

27. Geht das nicht alles ein bisschen schneller?!

Der Rückfrage-Konter

- *»Was versprechen Sie sich davon?«*

Taktik: Ruhig bleiben und den anderen erklären lassen.

Mischung aus Rückfrage- und Humor-Ironie-Konter

- *»Welche Geschwindigkeit hätten Sie gern?«*

Taktik: Wozu alles ernst nehmen, wenn es auch gute Gründe gibt, zu lachen?

Der Humor-Ironie-Konter

- *»Warten Sie, darüber muss ich erst in aller Ruhe nachdenken.«*

Taktik: Langsam, ganz langsam gilt es diese Antwort auszusprechen, um zu verdeutlichen, dass der Vorwurf Sie nicht ernsthaft berührt.

Der Haifisch-Konter

- *»Nein, besser nicht. Ich möchte ja, dass auch Sie noch folgen können.«*

Taktik: Return to sender – Sie können auch anders, wenn Sie wollen, signalisiert diese Retourkutsche.

28. Was soll daran denn originell sein?

Der Cool-down-Konter

- *»Danke für Ihr Interesse. Das erkläre ich Ihnen gern.«*

Taktik: Überhören des Angriffs und das zum Anlass nehmen, wieder auf das Thema zurückzukommen. Mal sehen, ob der Phrasendrescher den Mut hat zu sagen: *»Nein, ich habe gar kein Interesse, ich wollte Ihre Idee nur kritisieren.«* Wohl kaum.

Der Rückfrage-Konter

- *»Bin gespannt, wie Ihr Gegenvorschlag lautet.«*

Taktik: Das Gegenüber überraschen mit der Forderung nach besseren Vorschlägen. Miesmachern vergeht mit der Zeit die Lust am Kritisieren, wenn sie damit rechnen müssen, dass von ihnen Vorschläge erwartet werden.

- *»Wie viel Zeit haben Sie? Soll ich es Ihnen erläutern?«*

Taktik: Sich nicht einschüchtern lassen und selbstbewusst zu der eigenen Idee stehen.

Der Haifisch-Konter

- *»Dass bislang noch niemand drauf gekommen ist.«*

Taktik: Diese Aussage kann auch ganz freundlich gesprochen werden – dann geht sie fast als Cool-down-Konter durch. Hier ist sie aber als freche Variante gemeint, bei der schon ein deutliches Genervtsein zum Ausdruck kommt.

29. Sie verstehen aber auch keinen Spaß.

Der Cool-down-Konter

- *»Ich nehme die Sache ernst. Deshalb möchte ich nun fortfahren …«*

Taktik: Sich nicht lange mit Plänkeleien aufhalten, sondern zielgerichtet zum Punkt kommen.

Der Benennungs-Konter

- *»Ja, diese Art von Humor ist wohl auch gewöhnungsbedürftig.«*

Taktik: Es ist nicht explizit die Rede von Killerphrasen, aber es wird schon deutlich, dass man etwas gegen Bemerkungen dieser Art hat.

Der Rückfrage-Konter

- *»Haben Sie denn einen gemacht?«*

Taktik: (Scheinbar) naive Rückfrage, die den Gesprächspartner dazu bringen soll, sich zu erklären, um damit selber die Überflüssigkeit der Bemerkung vor Augen geführt zu bekommen.

Der Humor-Ironie-Konter

- *»Was, Sie auch nicht?«*

Taktik: Absichtliches Falschverstehen des »*auch*«. Wird den anderen möglicherweise ein wenig verwirren …

- *»Ach so, ich lache später.«*

Taktik: Mit einer solchen Reaktion bringen Sie zum Ausdruck, wie sehr Sie auf so eine Bemerkung verzichten können.

30. Sie sind wohl überfordert?!

Der Cool-down-Konter

- *»Ach, das hier mache ich mit links, keine Sorge.«*

Taktik: Wenn Sie sich selbst von einer solchen Provokation nicht zum Giftigwerden reizen lassen, dann sind Sie wirklich Meister oder Meisterin des Cool-down-Konters. Die Kunst liegt, wie schon mehrmals bemerkt, nicht nur in der richtigen Wortwahl, sondern vor allem auch darin, wie Sie sprechen, in welchem Tonfall, mit welcher Mimik.

Der Benennungs-Konter

- *»Ich möchte Sie bitten, nicht persönlich zu werden.«*

Taktik: Sie bringen auf den Punkt, was Sie stört. So haben Killerphrasen nur ein kurzes Leben.

Der Rückfrage-Konter

- *»Und Sie?«*
- *»Wie kommen Sie darauf?«*

Taktik: So einfach kommt der andere Ihnen nicht davon. Lassen Sie Ihr Gegenüber erklären.

Der Humor-Ironie-Konter

- *»Danke, dass Sie sich Sorgen um mich machen.«*

Taktik: Einfach falsch verstehen. Wenn Sie das, was der Sprücheklopfer mit Sicherheit nicht so mitfühlend gemeint hat, als Anteilnahme werten, wird ihm das bestimmt nicht gefallen. Schließlich hat er dann sein Ziel, Sie auf die Palme zu bringen, verfehlt. Stattdessen sitzt er am Ende möglicherweise selber dort.

Der Haifisch-Konter

- *»Sie wissen doch wohl eher, was das ist.«*

Taktik: Ein letztes Mal kräftig kontra gegeben. Auf dass dem Sprücheklopfer der Spaß am Phrasendreschen vergehe.

Übung

Last but not least für Sie die Gelegenheit, das Kontern zu üben. Finden Sie Antworten auf drei Angriffs-Killerphrasen. Nach wie vor gilt: Jeweils mindestens zwei Konter sollten es pro Phrase schon sein – ob nun spontan gefunden oder aus dem gerade gelesenen Kapitel wiederholte, das bleibt Ihnen überlassen.

1. Sie wissen wohl immer alles besser, wie?

(siehe Seite 119)

2. Was haben Sie sich denn dabei bloß gedacht?!

(siehe Seite 115)

3. Das ist wieder typisch für Sie.

(siehe Seite 104 f.)

Alle Killerphrasen auf einen Blick – in alphabetischer Reihenfolge

Schlusswort

Jetzt haben Sie eine Reihe von Kontermöglichkeiten auf Killerphrasen kennen gelernt. Und vielleicht fragen Sie sich: »*Wie soll ich mir das alles bloß merken, damit ich auch immer die richtige Antwort finde?*«
Vier Tipps helfen Ihnen weiter:

1. Haben Sie Mut zur Lücke
2. Bereiten Sie sich vor
3. Greifen Sie zunächst auf einfache Kontertechniken zurück
4. Lassen Sie hin und wieder den Angreifer ins Leere laufen

1. Haben Sie Mut zur Lücke
Sie müssen sich nicht *alles* merken. Suchen Sie sich die Antworten heraus, die zu Ihnen und Ihrer Art zu sprechen passen.

2. Bereiten Sie sich vor
Vielleicht denken Sie, dass man sich nicht auf Killerphrasen vorbereiten kann. Ich möchte dagegenhalten. Schließlich sind diese Aussagen stereotyp. Und: Meist kennt man seine »Pappenheimer«, zumindest die, mit denen man regelmäßig zu tun hat, und weiß schon vorher, mit welchen Sprüchen und Bemerkungen sie versuchen, Diskussionen zu stören, andere zu verunsichern oder Ideen zu killen.

Auf diese Killerphrasen können Sie sich also sehr gut vorbereiten. Schauen Sie im alphabetischen Verzeichnis nach »guten alten Bekannten« und notieren Sie sich die Antworten, die zu Ihnen passen, Sie überzeugen und lernen Sie diese ggf. auswendig.

3. Greifen Sie zunächst auf einfache Kontertechniken zurück
Haben Sie es mit Ihnen noch unbekannten Gesprächspartnerinnen oder -partnern zu tun, helfen Ihnen Kontertechniken, die fast immer

passen und recht leicht anzuwenden sind. Der Cool-down-Konter zum Beispiel, hier können Sie nach einer kurzen Anmerkung (»*Danke für den Beitrag…*« oder »*Wir kennen jetzt Ihre Meinung…*«) zur Tagesordnung übergehen *(siehe Seite 19 ff.)*. Die zweite Möglichkeit wäre der Benennungs-Konter. Wenn jemand eine Killerphrase loslässt, machen Sie dies zum Thema *(siehe Seite 23 f.)*. Konter, mit denen Sie eigentlich nichts falsch machen können, hält auch die Rückfrage-Technik bereit. Damit gelingt es relativ leicht – auch wenn man noch so überrascht wurde – zu reagieren, ohne allzu sehr zu zeigen, wie ärgerlich oder emotional getroffen man ist. Mit dem Rückfrage-Konter werfen Sie den Ball zurück, verschaffen sich selbst eine Auszeit, um dann darüber nachzudenken, wie Sie weiter vorgehen wollen.

4. Lassen Sie hin und wieder den Angreifer ins Leere laufen

Sollten alle Stricke reißen, Sie auf dem Schlauch stehen und so gar nichts zu sagen wissen, bleibt immer noch eine Alternative: den Sprücheklopfer ins Leere laufen lassen. Das heißt, Sie schweigen einfach. Somit vergeuden Sie immerhin keine Energie. Eine wirksame Methode gerade bei Kandidaten, die es nur darauf anlegen, Sie zu provozieren. Für die gibt es oft nichts Schlimmeres, als übersehen und mit Nichtachtung gestraft zu werden.

Sie sollten sich also die Frage stellen, ob es sich wirklich lohnt, auf jede noch so dumme Phrase einzugehen. Tun Sie es nicht, können Sie damit häufig eine weitere Eskalation vermeiden. Natürlich ist dies auf der anderen Seite keine Methode, die immer und jederzeit anzuwenden ist. Manchmal bedarf es eines deutlichen Wortes, um nicht als kommunikationsschwach zu gelten. Aber – wie gesagt – dann und wann kann dieser Weg der einzig richtige sein, um mit voller Aufmerksamkeit beim eigentlichen Thema zu bleiben.[11]

Gelassener könnte man Meetings, Diskussionen und Sitzungen wahrscheinlich entgegensehen, wenn Killerphrasen erst gar nicht gedroschen würden. Damit dieser Wunsch Realität wird, bedarf es einer besonderen Meetingkultur.[12] Möglich wäre, dass ein Team sich dazu verpflichtet, auf Killerphrasen zu verzichten. Damit alle wissen, was damit gemeint ist, könnte man die typischsten Exemplare (z.B. die alphabetische Auflistung von S. 125 ff.) für alle sichtbar an die Wand hängen. Sollte doch jemand auf Totschlagargumente zurückgreifen, muss er/sie in die Killerkasse einen Euro Strafe zahlen.

Werden Ideen gesammelt, zum Beispiel bei einem Brainstorming, sollte man nicht versäumen, zuvor ausführlich auf die wichtigsten Grundsätze hinzuweisen wie:

- Alle Ideen – und seien sie auch noch so absurd – sind willkommen.
- Kritik ist verboten. Keiner darf sich zu dem Vorschlag eines anderen äußern, bevor die Brainstorming-Runde beendet ist. Das gilt auch für Lob. Und: Denken Sie dabei auch an die nonverbalen Signale. Jede Teilnehmerin und jeder Teilnehmer sollte versuchen, eine möglichst neutrale Haltung einzunehmen und nicht durch Mimik, Gestik oder Haltung sein Ge- oder Missfallen zum Ausdruck zu bringen.
- Masse geht vor Klasse. Jede/r sollte so viele Vorschläge wie möglich entwickeln. Je mehr, desto größer die Chance, daran anzuknüpfen und etwas Neues daraus zu entwickeln.
- Die Ideen anderer können, ja sollen sogar, aufgegriffen und weiter entwickelt werden. Also: Keine Angst vor dem Vorwurf des Ideenklaus. Hier ist gerade erwünscht, die Vorschläge anderer aufzunehmen und daran anzuknüpfen.[13]

Anmerkungen

1 Friedemann Schulz von Thun: Miteinander reden 1. Störungen und Klärungen. Reinbek bei Hamburg 1981, S. 198

2 Vgl. Friedemann Schulz von Thun, a.a.O., S. 199

3 Vgl. Meike Müller: Schlagfertig! Verbale Angriffe gekonnt abwehren. München 2003, S. 52f.

4 Lat., dt. Übersetzung: »unerlässliche Voraussetzung«

5 Lat., dt. Übersetzung: »Irren ist menschlich«

6 Sie erinnern sich an die Autowerbung?

7 Zitat aus einer Cola-Werbung

8 Diese Killerphrase ähnelt sehr der Killerphrase Nr. 3, verfolgt aber eine etwas andere Intention. Hier wird behauptet, »ganz andere Leute« seien schon an dem Versuch gescheitert, in Killerphrase Nr. 3 haben sie es nicht einmal versucht.

9 Lat., dt. Übersetzung: »Hier ist Rhodos, hier springe!« Aufforderung, einer berichteten Glanztat eine sofortige Probe folgen zu lassen.

10 Vielleicht erinnern Sie sich an die Werbung für fettreduzierte Lebensmittel?

11 Vgl. Barbara Berckhahn: Die etwas intelligentere Art, sich gegen dumme Sprüche zu wehren. München 1998, S. 41f.

12 Vgl. Bettina Blaß: Antworten auf Killerphrasen. In: *www.impulse.de*

13 Meike Müller: Trainingsprogramm Schlüsselqualifikationen. Die besten Übungen aus Karriere-Seminaren. Frankfurt a. M. 2003, S. 110

Literatur

Barbara Berckhahn: *Die etwas intelligentere Art, sich gegen dumme Sprüche zu wehren.* München 1998

Antonia Cicero/Julia Kuderna: *Clevere Antworten auf dumme Sprüche. Killerphrasen kunstvoll kontern.* Paderborn 2001

Hedwig Kellner: *PA – Der Karrierefaktor: Mit Positiver Aggression zum Erfolg.* Frankfurt a.M. 2000

Udo Kreggenfeld: *Direkt im Dialog. Professionelle Gesprächsführung im Unternehmen.* Bonn 2002

Rupert Lay: *Dialektik für Manager. Methoden des erfolgreichen Angriffs und der Abwehr.* München 2001

Mentzel/Grotzfeld/Dürr: *Mitarbeitergespräche: Mitarbeiter motivieren, richtig beurteilen und effektiv einsetzen.* Planegg 1998

Meike Müller: *Schlagfertig! Verbale Angriffe gekonnt abwehren.* München 2003

Meike Müller: *Trainingsprogramm Schlüsselqualifikationen. Die besten Übungen aus Karriere-Seminaren.* Frankfurt a. M. 2003

Günther Rebel: *Mehr Ausstrahlung durch Körpersprache.* München 1997

Friedemann Schulz von Thun: *Miteinander reden 1. Störungen und Klärungen.* Reinbek bei Hamburg 1981

Christian-Rainer Weisbach: *Professionelle Gesprächsführung.* München 2001

www.impulse.de

Dieter Zittlau: *Schlagfertig kontern in jeder Situation.* München 2000

Dank

Herzlichen Dank an alle, die mich bei diesem Buch unterstützt haben. Für interessante Ideen, tolle Einfälle und wichtige Fragen danke ich besonders Dani Habib Danaei, Gundula Trogemann-Rips, Helen Hannerfeldt, Alexandra Radenkovic und Karen Schlaberg.

Meike Müller

Meike Müller bietet Inhouse-Seminare und Trainings zu folgenden Themen an:

- Schlagfertigkeit
- Rhetorik
- Präsentation
- Kundenorientierung
- Zeit- und Selbstmanagement
- Smalltalk
- Assessment Center
- Selbstvertrauen
- Gender Mainstreaming

Wenn Sie sich dafür interessieren, können Sie sich an folgende Adresse wenden:

Meike Müller
Kurfürstenstraße 24/25
10785 Berlin
Tel.: 0 30/26 55 00 68
Fax: 0 30/25 46 44 87
e-mail: MeikeC.Mueller@t-online.de
www.quarta-netzwerk.de